微课版

高等院校"十三五"会计系列规划教材

# 预算管理

## 基于用友 ERP-U8

**V13.0 版**

宋红尔 吴爽 主编

人民邮电出版社

北 京

**图书在版编目（ＣＩＰ）数据**

预算管理 ：基于用友ERP-U8 V13.0版 ：微课版 /
宋红尔，吴爽主编. -- 北京 ：人民邮电出版社，2020.9
高等院校"十三五"会计系列规划教材
ISBN 978-7-115-53547-4

Ⅰ．①预… Ⅱ．①宋… ②吴… Ⅲ．①企业管理－预
算管理－高等学校－教材 Ⅳ．①F275

中国版本图书馆CIP数据核字(2020)第040305号

## 内 容 提 要

本书以用友 ERP-U8 V13.0 版软件为蓝本，以虚拟的辽宁双圆轮胎有限公司 2020 年 1 月的经济业务为背景，主要介绍了该公司从系统安装开始，逐步完成系统管理设置、基础档案及系统初始化设置、预算管理设置、建立预算体系、编制预算、预算控制以及预算分析等工作任务。

本书适合作为高职高专院校经管类专业预算管理课程的教材，也可作为普通高等院校会计信息系统的实验书。

◆ 主　编　宋红尔　吴　爽
　　责任编辑　刘向荣
　　责任印制　周昇亮
◆ 人民邮电出版社出版发行　　北京市丰台区成寿寺路 11 号
　　邮编　100164　电子邮件　315@ptpress.com.cn
　　网址　https://www.ptpress.com.cn
　　大厂回族自治县聚鑫印刷有限责任公司印刷
◆ 开本：700×1000　1/16
　　印张：12.5　　　　　　　　　　2020 年 9 月第 1 版
　　字数：177 千字　　　　　　　2020 年 9 月河北第 1 次印刷

定价：39.80 元

读者服务热线：(010) 81055256　印装质量热线：(010) 81055316
反盗版热线：(010) 81055315
广告经营许可证：京东市监广登字 20170147 号

P r e f a c e

# 前言

2016 年 10 月 8 日，财政部印发了《会计改革与发展"十三五"规划纲要》（财会〔2016〕19 号），纲要明确提出"不断提高单位会计信息化水平，推动基层单位会计信息系统与业务系统的有机融合，推动会计工作从传统核算型向现代管理型转变"。在此背景下，我们编写了这本信息化环境下的预算管理教材。

本书以用友 ERP-U8 V13.0 版软件为蓝本，以虚拟的辽宁双圆轮胎有限公司 2020 年 1 月份的经济业务为背景，主要介绍了该公司从系统安装开始，逐步完成预算管理基础工作、建立预算体系、编制预算、预算控制以及预算分析等工作任务。

与同类教材比较，本书具有以下特点。

（1）预算管理系统与业务系统联合应用。一方面，预算管理系统可以从业务系统导入预算档案；另一方面，预算管理系统可以对业务系统进行预算控制，超预算业务需要到预算管理系统审批。

（2）基于实验任务导向的"教、学、做"一体化模式。针对所有实验任务均给出了相应的实验资料。读者根据实验资料在会计信息系统中进行操作处理，可掌握预算管理系统的基本功能和基本流程。

（3）紧跟时代步伐。一方面，根据最新的财税政策及会计准则编写教材实验资料；另一方面，将会计信息系统在实际应用中的最新研究成果纳入教材，以更好地解决会计信息系统滞后于国家财税政策和会计实务的问题。

（4）教学资源齐全。本书配套资源包括：教案、电子课件、教材正文的初始账套和结果账套。

本书的建议学时为 24 学时，读者应具备一定的会计信息系统应用基础。

本书由宋红尔、吴爽任主编，左继男、谢红梅任副主编，参与编写的还有赵越、冉祥梅两位老师。宋红尔负责拟定全书大纲及设计实验资料，并对全书进行总纂、修改和定稿。在编写过程中，我们参考了国内相关著述、教材和论文，在此对有关作者表示衷心的感谢。另外，本书的编写得到了校企共建课程合作单位锦州市鸿升科技有限公司高家怿总经理的大力支持，也一并表示感谢。

虽然编者一直在关注、追踪、学习会计信息系统应用知识，但因水平有限，对某些问题的认识和理解也不一定准确，所以书中难免有错误和不当之处，竭诚欢迎广大读者指正，您的批评和建议将是本书再次修订的重要依据。联系方式，E-mail：songhonger@163.com。

宋红尔

2020 年 6 月于辽宁锦州

# 第1章　系统概述

# 第2章　预算管理基础工作

# 第 3 章　建立预算体系

# 第4章　编制预算

# 第5章　预算控制

# 第6章 预算分析

# 参考文献

# 第1章
# 系统概述

## 1.1 系统安装

用友 ERP-U8 V13.0 客户端及单机应用推荐以下操作系统：Windows 7（SP1 及更高版本补丁）、Windows 8.1 或 Windows 10。用友 ERP-U8 V13.0 服务器推荐使用 64 位 Server 版操作系统：Windows Server 2008（R2）（SP1 及更高版本补丁）、Windows Server 2016 X64（kb4019472 补丁），且磁盘分区的文件系统格式应为 NTFS。

用友 ERP-U8 V13.0 支持以下 SQL Server 数据库版本：SQL Server 2016（及更高版本补丁）、SQL Server 2014（及更高版本补丁）、SQL Server 2012（及更高版本补丁）、SQL Server 2008 R2（及更高版本补丁）、SQL Server 2008（SP1 或以上版本补丁）、SQL Server 2005（SP2 及以上版本补丁）。

本书以在 Windows 7 操作系统中安装 SQL Server 2008 R2（32 位）为例，介绍安装用友 ERP-U8 V13.0 单机应用的过程。

**1. 安装 SQL Server 2008 R2 数据库**

（1）将 SQL Server 2008 R2（32 位）安装盘放入光驱，光盘将自动启动安装程序，或双击程序安装包中的 setup.exe 文件，进入"SQL Server 安装中心"界面，如图 1-1 所示。

安装 SQL
Server 2008 R2
数据库

（2）在"SQL Server 安装中心"界面，单击左侧的"安装"选项，再单击"全新安装或向现有安装添加功能"超链接，如图 1-2 所示，进入"安装程序支持规则"界面，如图 1-3 所示。

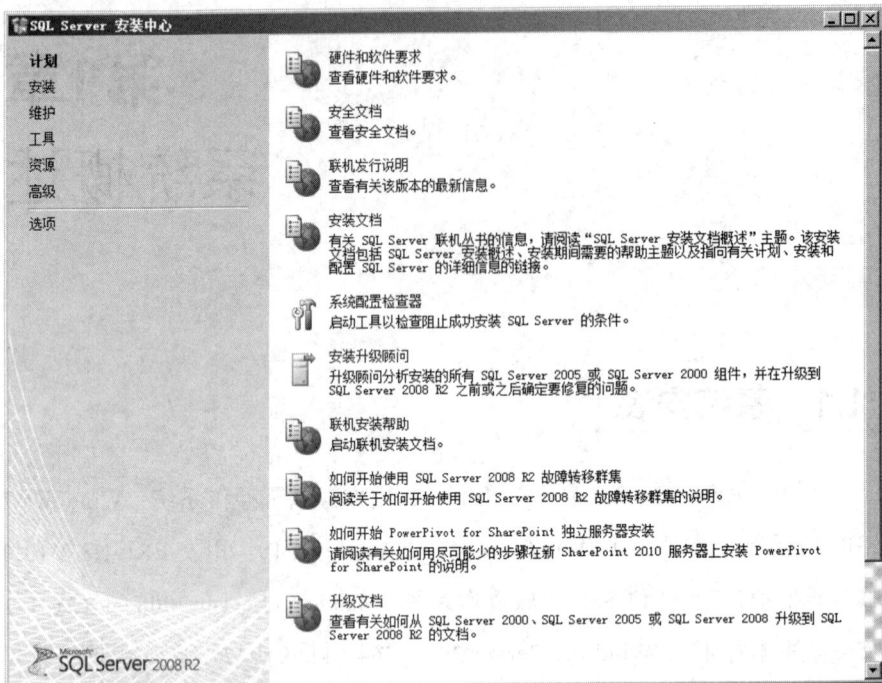

图 1-1 "SQL Server 安装中心"界面

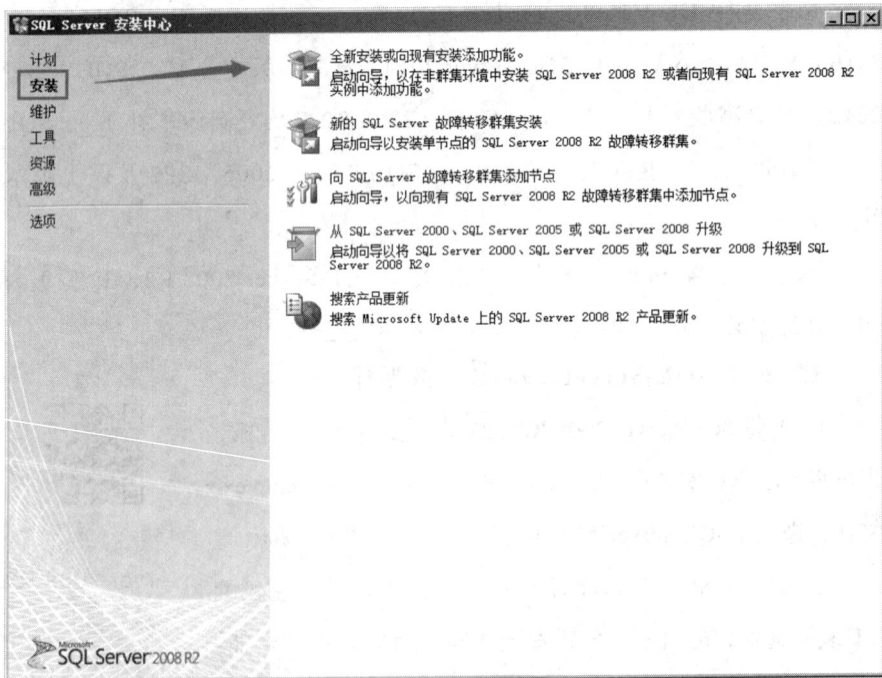

图 1-2 单击"安装"选项

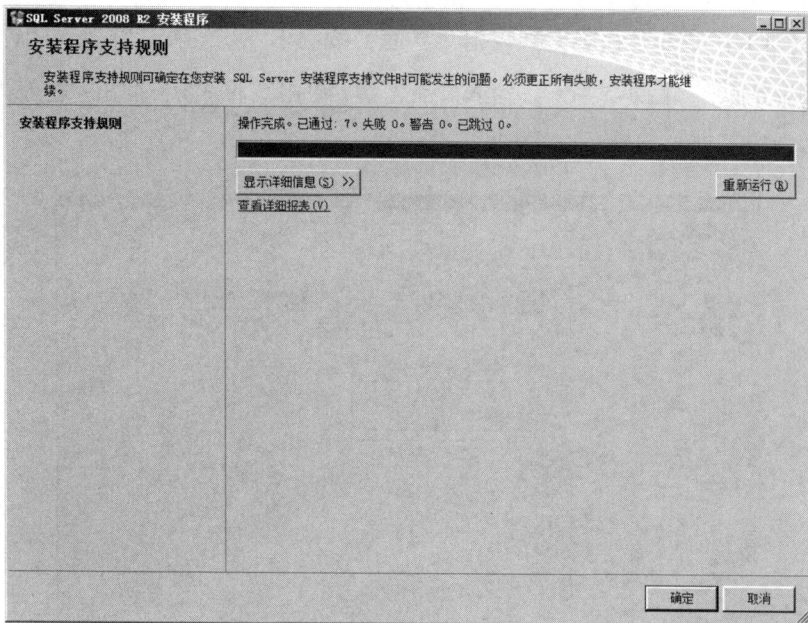

图 1-3 "安装程序支持规则"界面

（3）在"安装程序支持规则"界面，单击"确定"按钮，进入"安装程序支持文件"界面，如图 1-4 所示。单击"安装"按钮，系统自动安装程序支持文件，安装完毕，系统返回"安装程序支持规则"界面。

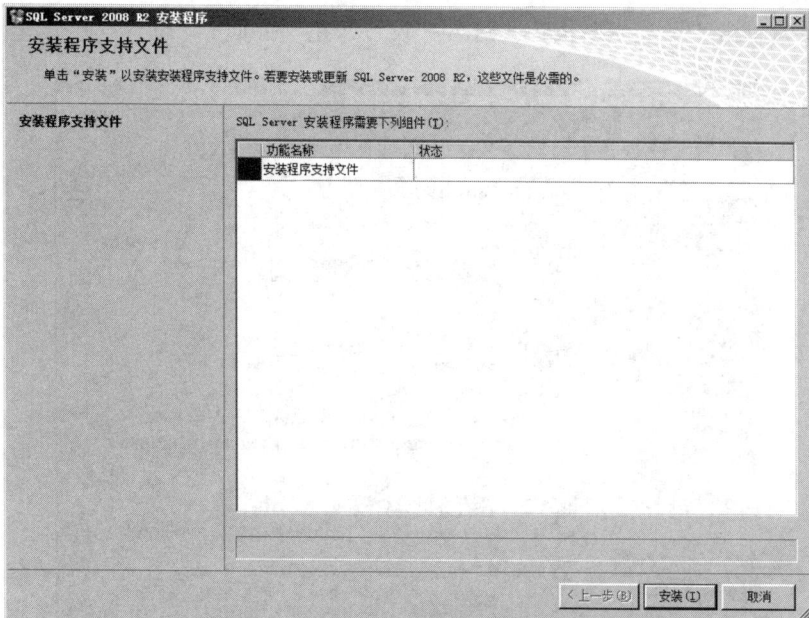

图 1-4 "安装程序支持文件"界面

（4）在"安装程序支持规则"界面，按"下一步"按钮，进入"产品密钥"界面，如图 1-5 所示。输入产品密钥，单击"下一步"按钮，进入"许可条款"界面。

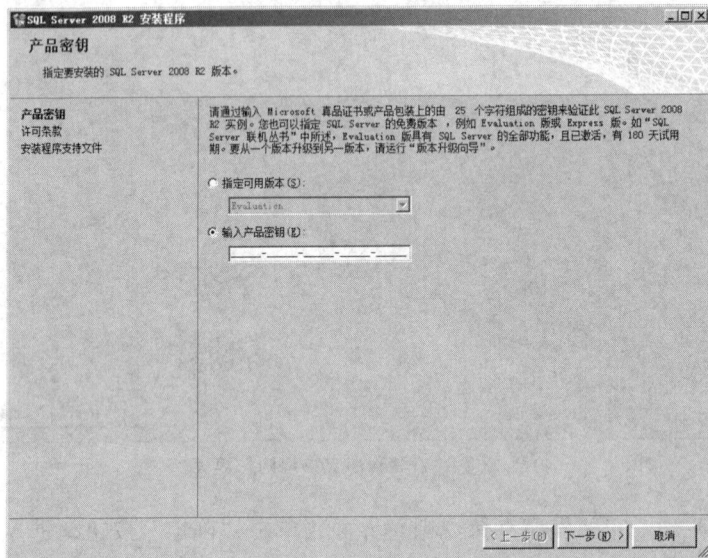

图 1-5 "产品密钥"界面

（5）在"许可条款"界面，勾选"我接受许可条款"复选框，如图 1-6 所示。单击"下一步"按钮，进入"设置角色"界面。

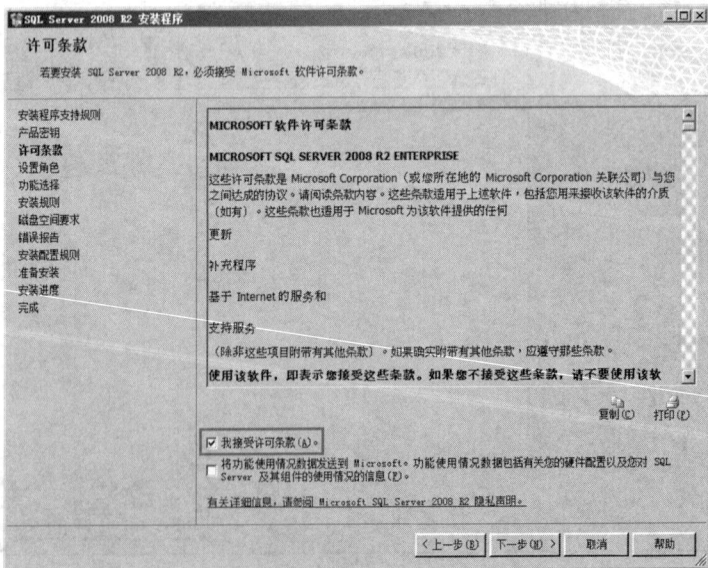

图 1-6 接受许可条款

（6）在"设置角色"界面，单击"下一步"按钮，进入"功能选择"界面，如图 1-7 所示。

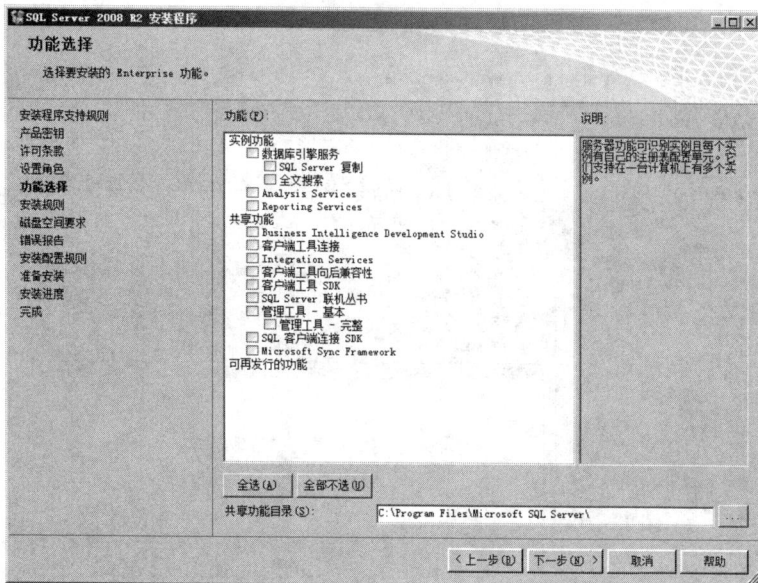

图 1-7 "功能选择"界面

（7）在"功能选择"界面，单击"全选"按钮，再单击"下一步"按钮，进入"安装规则"界面，如图 1-8 所示。

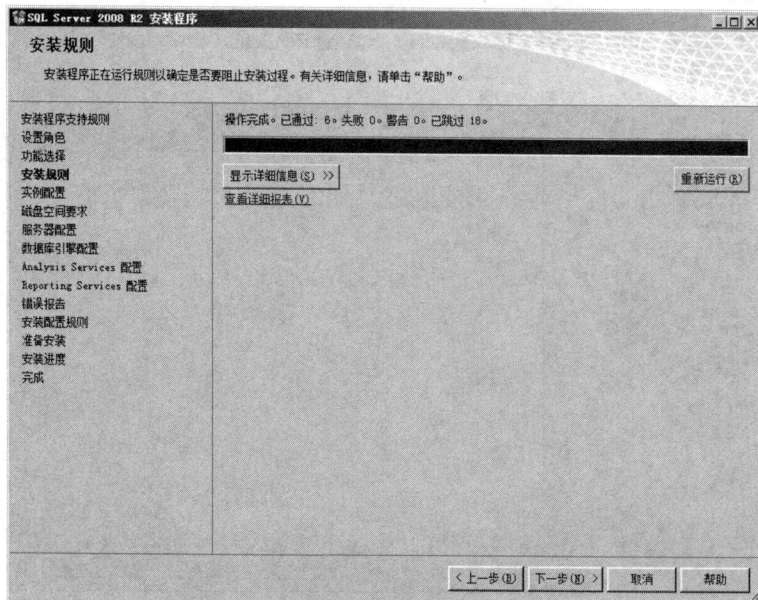

图 1-8 "安装规则"界面

（8）在"安装规则"界面，单击"下一步"按钮，进入"实例配置"界面，如图 1-9 所示。

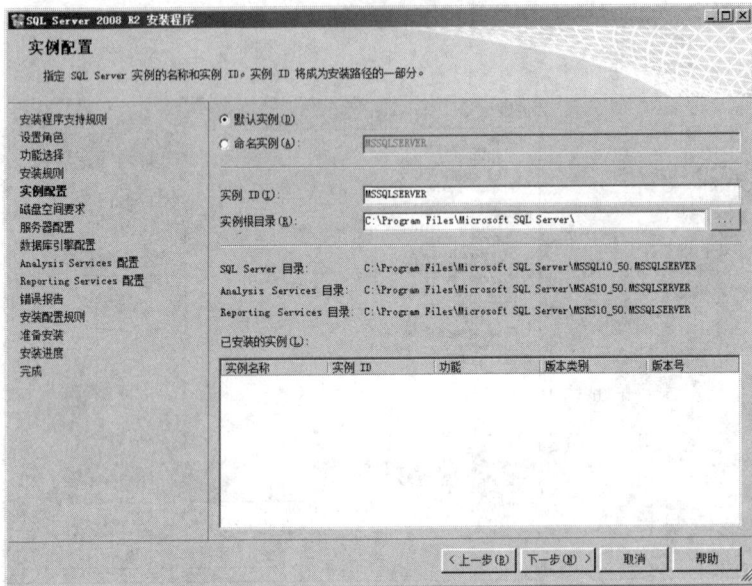

图 1-9 "实例配置"界面

（9）在"实例配置"界面，单击"下一步"按钮，进入"磁盘空间要求"界面，如图 1-10 所示。

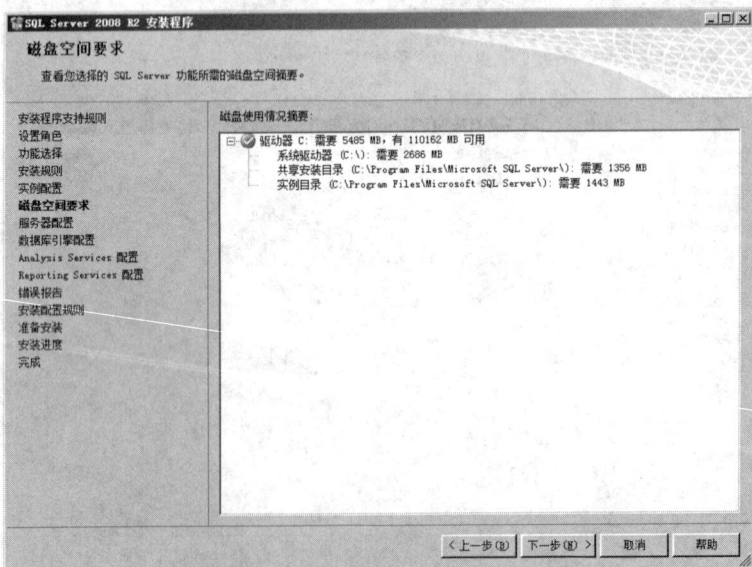

图 1-10 "磁盘空间要求"界面

（10）在"磁盘空间要求"界面，单击"下一步"按钮，进入"服务器设置"界面。单击"对所有 SQL Server 服务使用相同的账户"按钮，在弹出的对话框中，"账户名"选择"NT AUTHORITY\SYSTEM"，如图 1-11 所示，单击"确定"按钮。

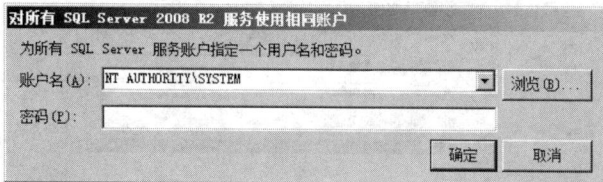

图 1-11　选择"账户名"

（11）在"服务器配置"界面，将"SQL Server 代理""SQL Server Browser"的启动类型改为"自动"，如图 1-12 所示。单击"下一步"按钮，进入"数据库引擎配置"界面。

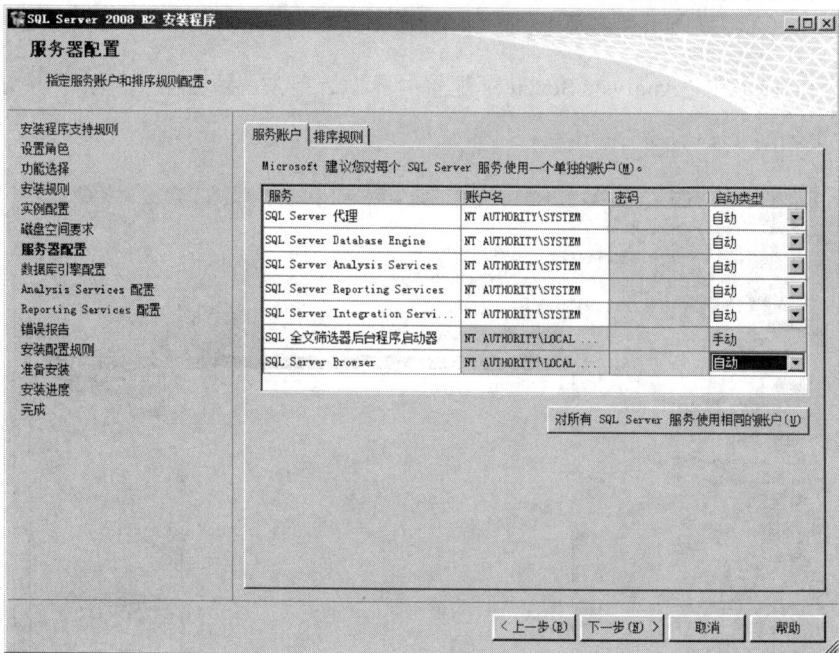

图 1-12　"服务器配置"界面

（12）在"数据库引擎配置"界面，"身份验证模式"选择"混合模式"，输入并确认密码，单击"添加当前用户"按钮，结果如图 1-13 所示。单击"下一步"按钮，进入"Analysis Services 配置"界面。

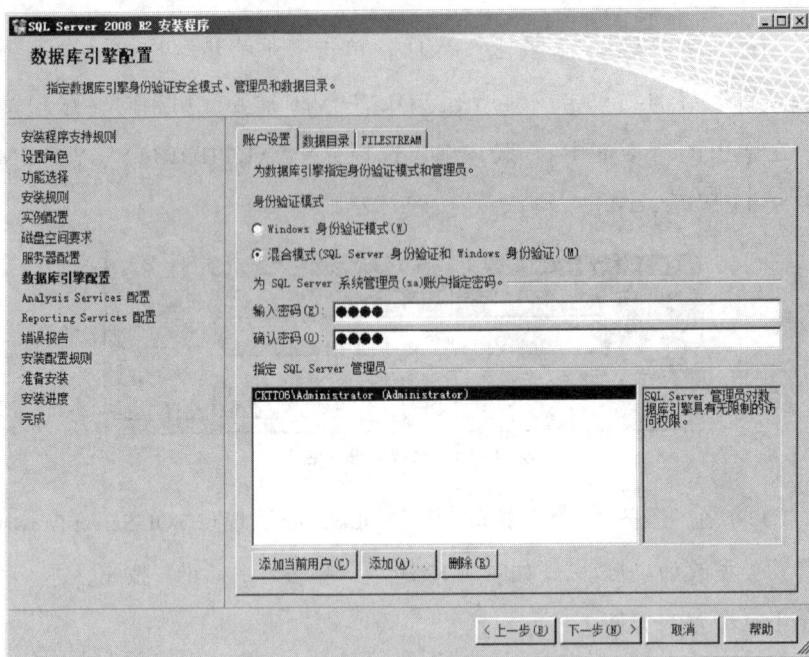

图 1-13　"数据库引擎配置"界面

（13）在"Analysis Services 配置"界面，单击"添加当前用户"按钮，结果如图 1-14 所示。

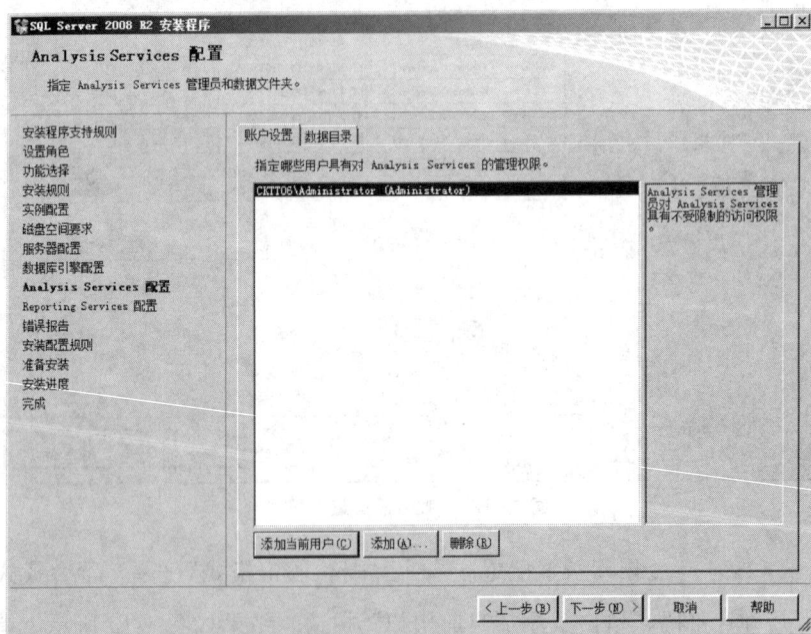

图 1-14　"Analysis Services 配置"界面

（14）单击"下一步"按钮，进入"Reporting Services 配置"界面，如图 1-15 所示。

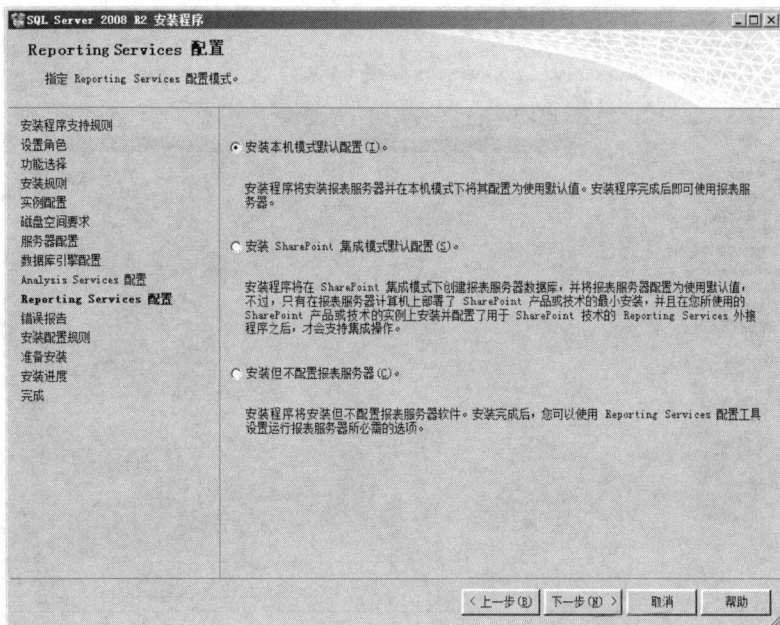

图 1-15 "Reporting Services 配置"界面

（15）单击"下一步"按钮，进入"错误报告"界面，如图 1-16 所示。

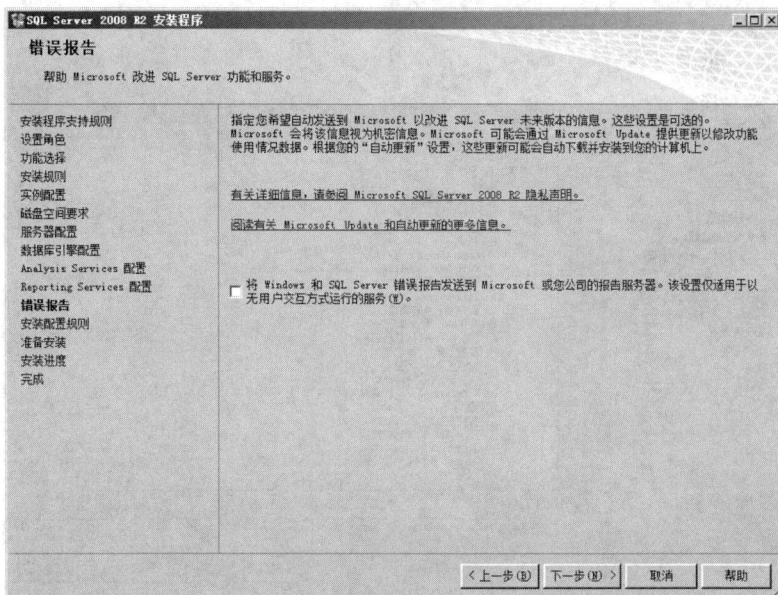

图 1-16 "错误报告"界面

（16）单击"下一步"按钮，进入"安装配置规则"界面，如图 1-17 所示。

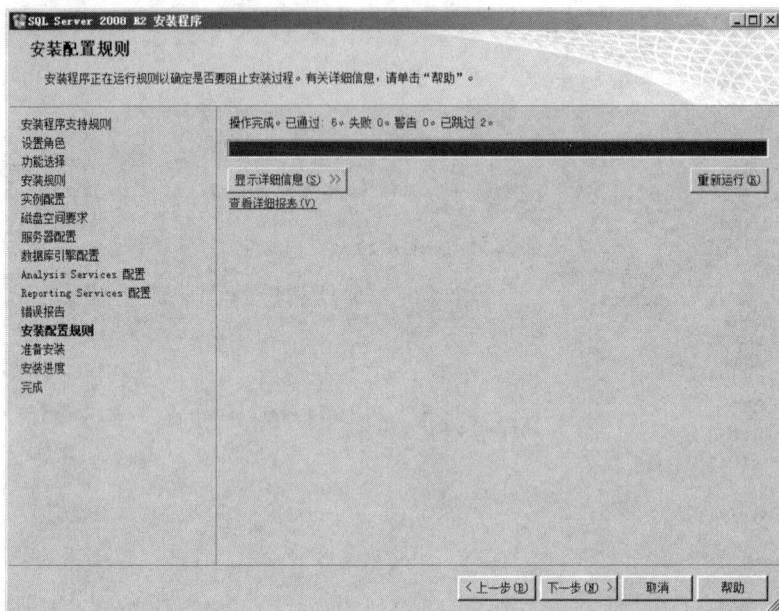

图 1-17 "安装配置规则"界面

（17）单击"下一步"按钮，进入"安装准备"界面，如图 1-18 所示。

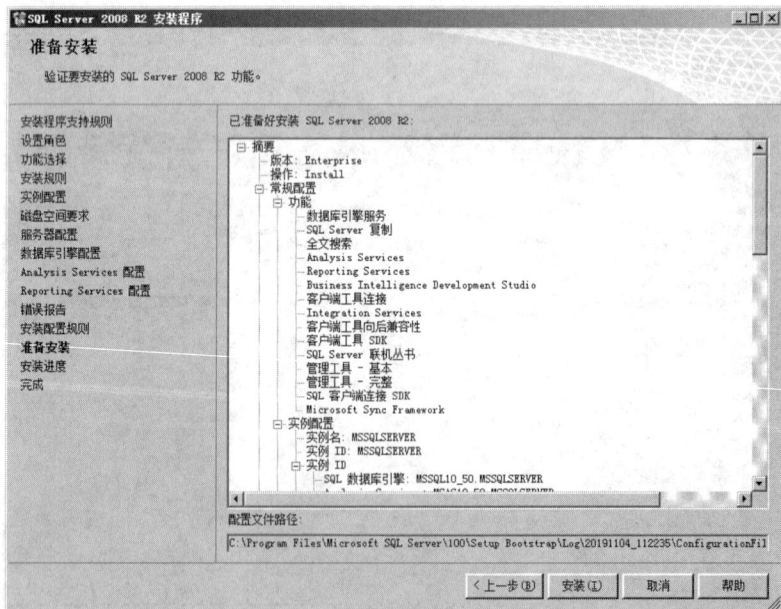

图 1-18 "准备安装"界面

（18）单击"安装"按钮，进入"安装进度"界面，如图 1-19 所示。

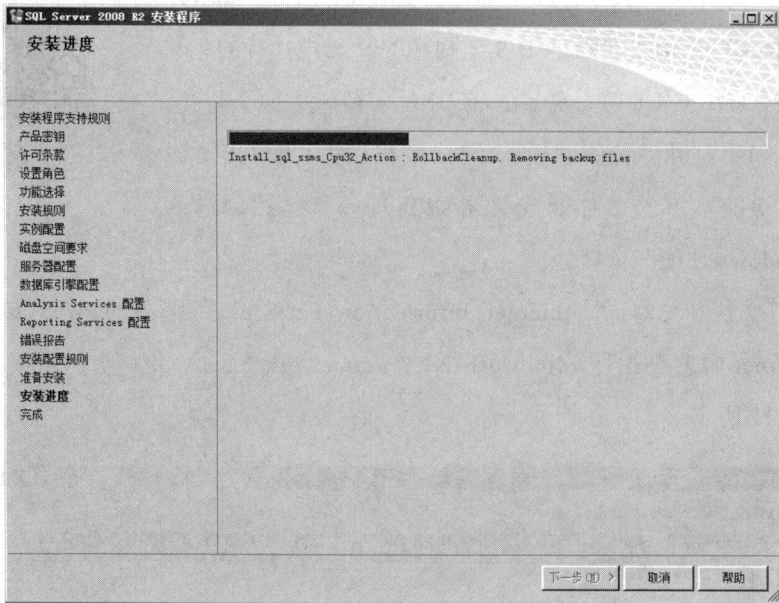

图 1-19 "安装进度"界面

（19）安装完毕，系统自动进入"完成"界面，结果如图 1-20 所示。单击"关闭"按钮。

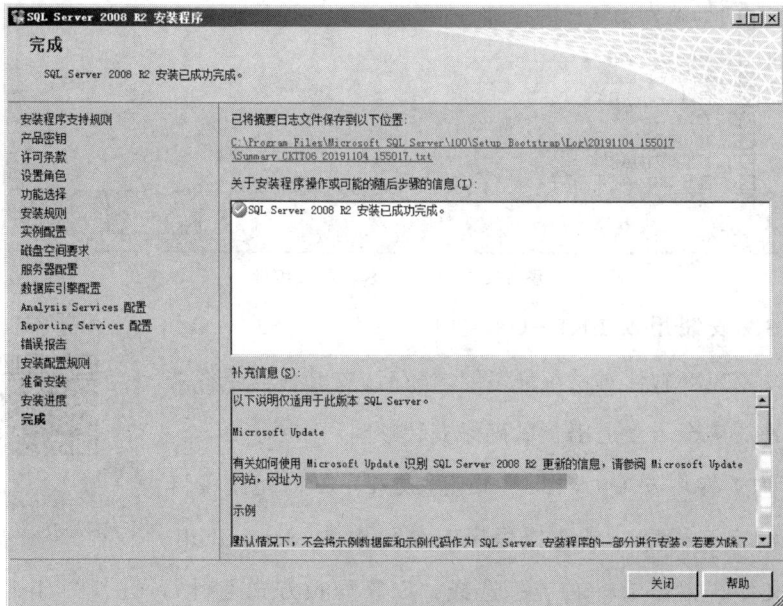

图 1-20 安装完成

**2．安装 IIS**

因为用友 U8 是基于 IIS（Internet Information Services）和.NET 平台的 B/S 架构和 C/S 架构并行的，所以在安装用友 U8 前，需要安装 IIS。安装方法如下。

（1）打开"控制面板"，单击"程序"，再单击"程序和功能"下的"打开或关闭 Windows 功能"，进入"Windows 功能"窗口。

安装 IIS

（2）依次勾选"Internet Information Services 可承载的 Web 核心""Internet 信息服务""Microsoft .NET Framework 3.5.1"及其全部子项，如图 1-21 所示。

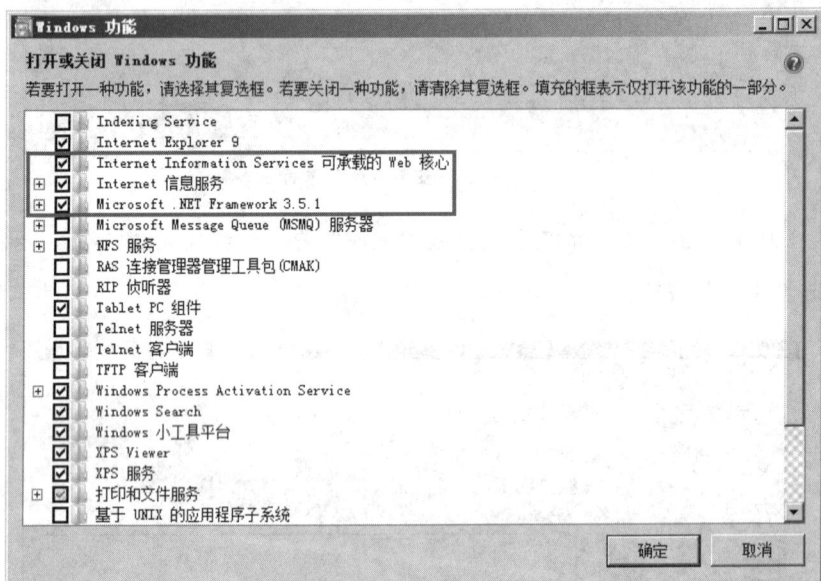

图 1-21　安装 IIS 及相关组件

**3．安装用友 ERP-U8 V13.0**

用友 U8 软件对系统环境要求较高，安装前需要将杀毒软件、安全卫士退出，以确保安装顺利。

安装用友 ERP-U8 V13.0

（1）将用友 U8 V13.0 安装盘放入光驱，光盘将自动启动安装程序，或选择程序安装包中的 SetupShell.exe 文件，单击鼠标右键，选择"以管理员方式运行"，进入图 1-22 所示的界面。

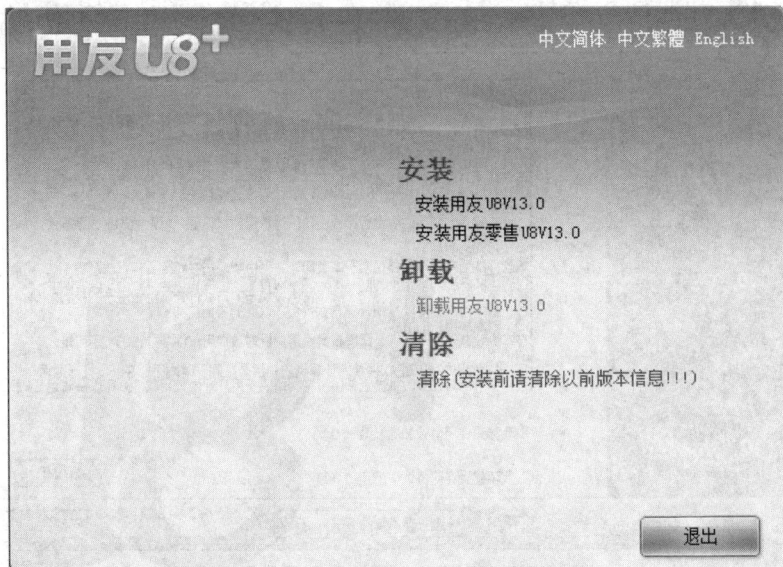

图 1-22 用友 ERP-U8 V13.0 安装入口

（2）单击"安装用友 U8V13.0"，进入图 1-23 所示的欢迎界面。

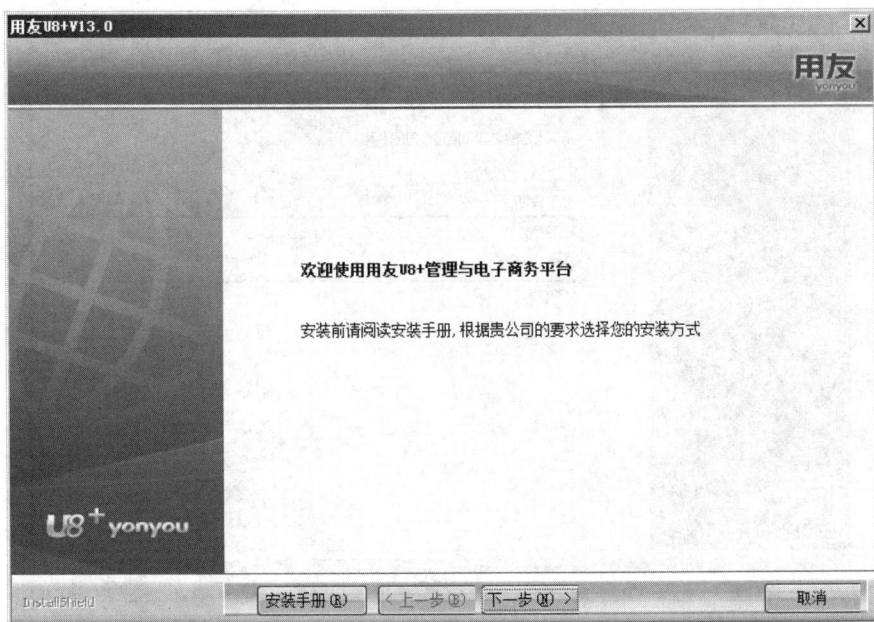

图 1-23 欢迎界面

（3）单击"下一步"按钮，进入"许可协议及隐私权政策"界面，选择"我接受许可协议和隐私政策"，如图 1-24 所示。

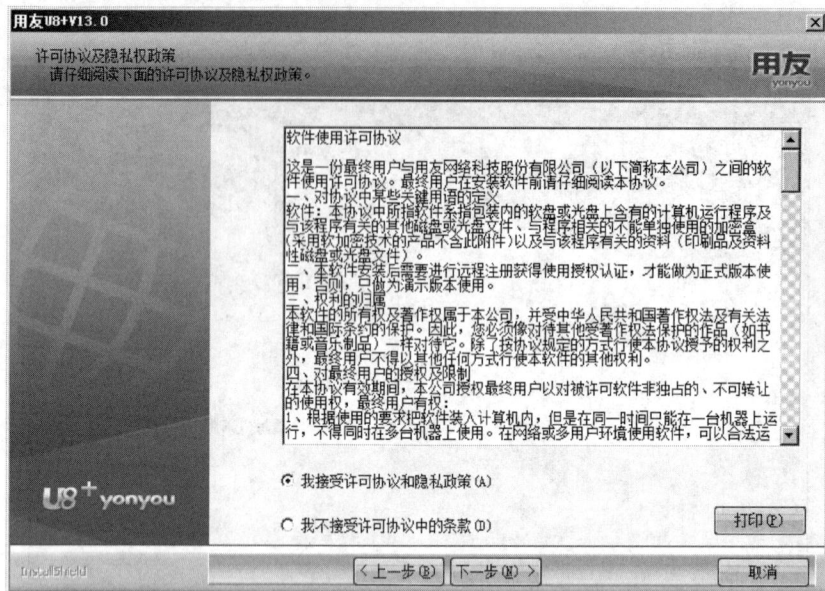

图 1-24 "许可协议及隐私政策"界面

（4）单击"下一步"按钮，进入"客户信息"界面，如图 1-25 所示。

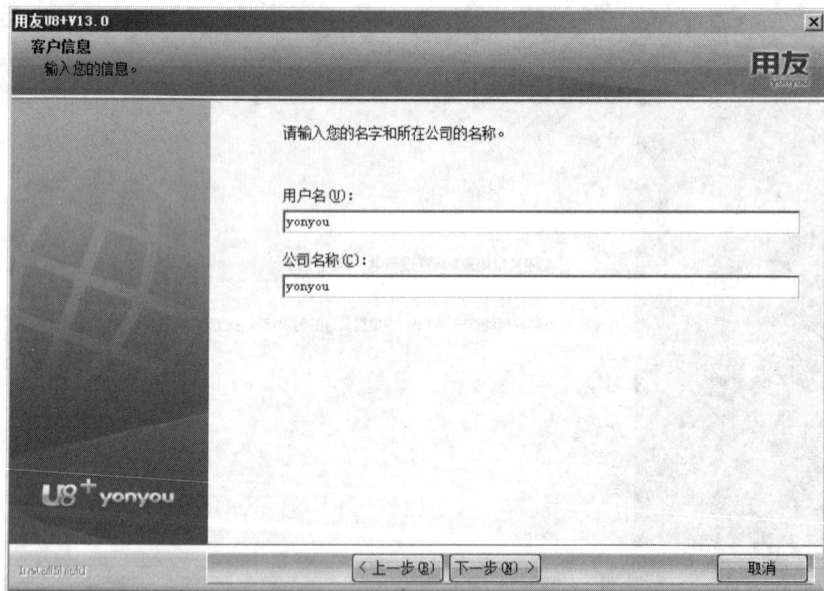

图 1-25 "客户信息"界面

（5）单击"下一步"按钮，进入"选择目的地位置"界面，如图 1-26 所示。

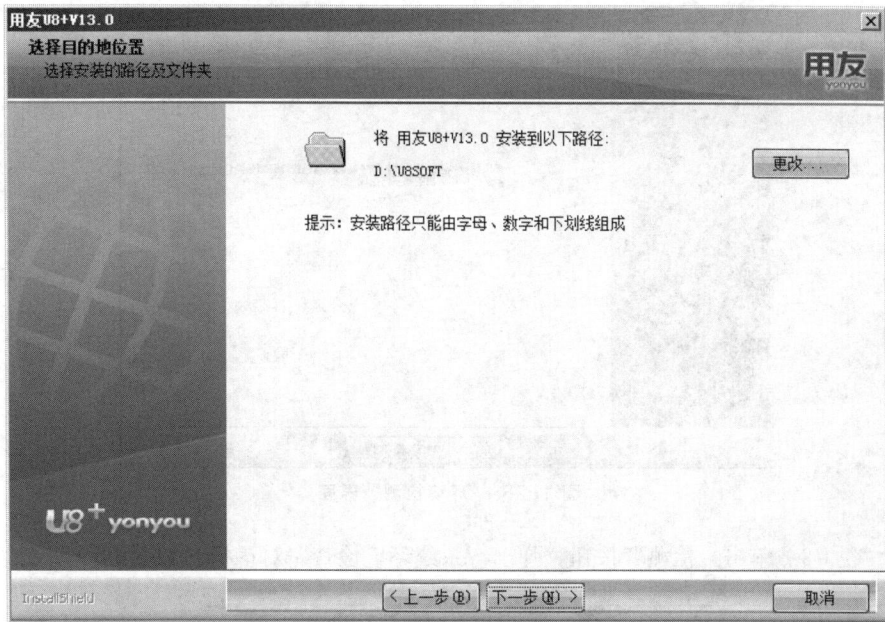

图 1-26 "选择目的地位置"界面

（6）单击"下一步"按钮，进入"安装类型"界面，再单击"下一步"按钮，如图 1-27 所示。

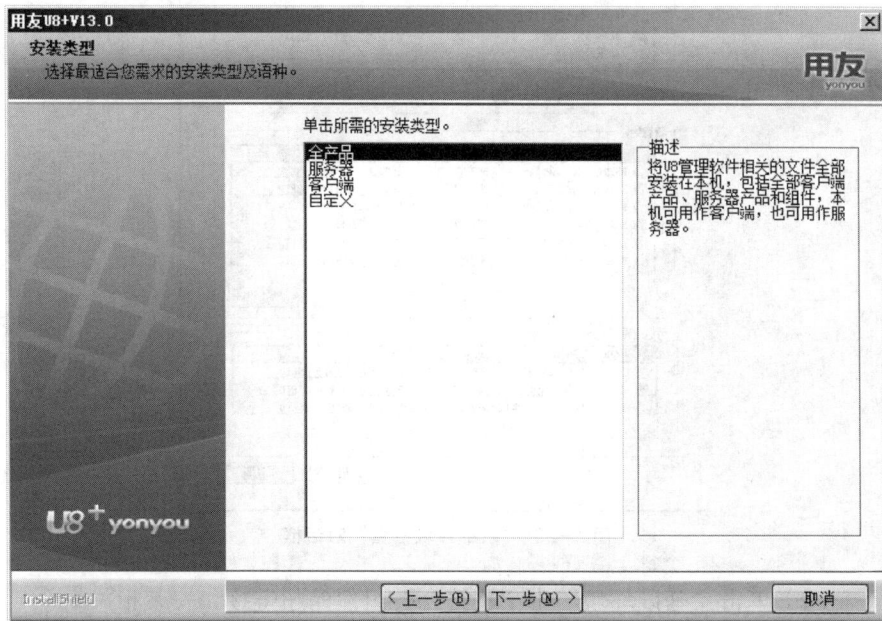

图 1-27 "安装类型"界面

（7）单击"下一步"按钮，进入"环境检测"界面，如图 1-28 所示。

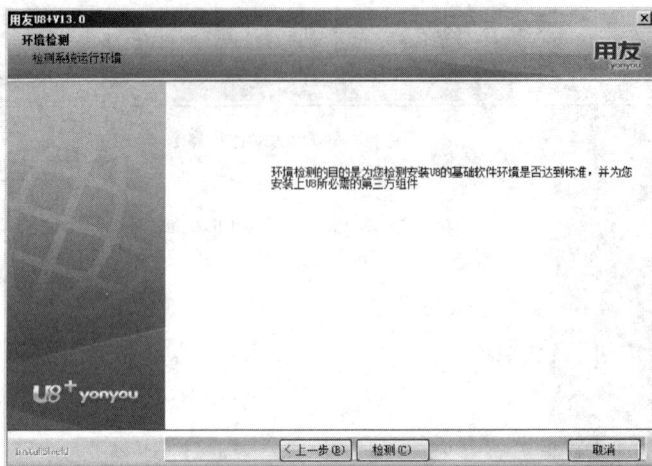

图 1-28 "环境检测"界面

（8）单击"检测"按钮，弹出"系统环境检查"对话框，如图 1-29 所示。

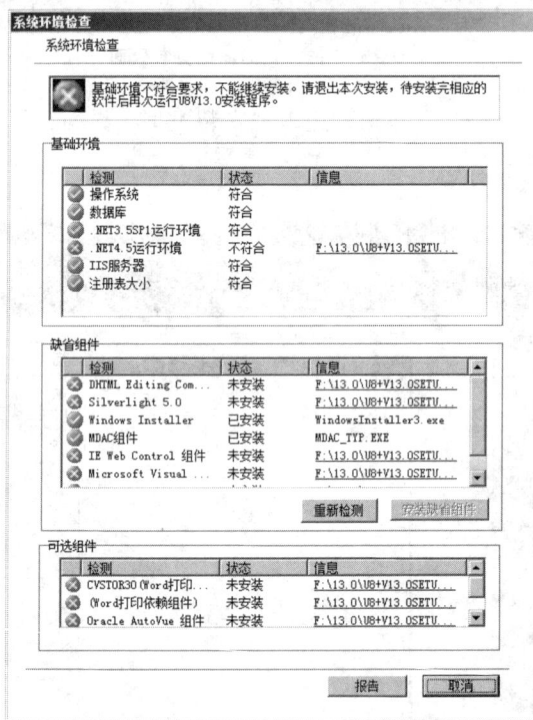

图 1-29 "系统环境检查"对话框

（9）单击"基础环境"中"不符合"组件的超链接，安装相关组件。单击"缺省组件"的"未安装"超链接，安装相关缺省组件。组件安装完毕再次检测环境，结果如图 1-30 所示。

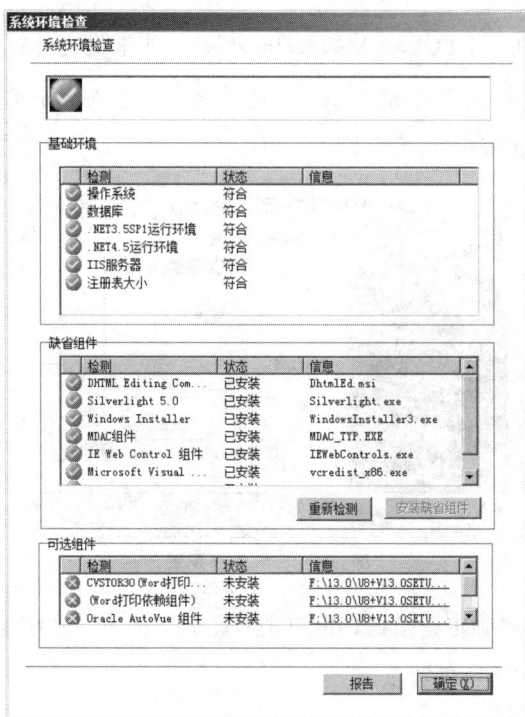

图 1-30　安装组件后的系统环境检查结果

（10）单击"确定"按钮，进入图 1-31 所示的界面。

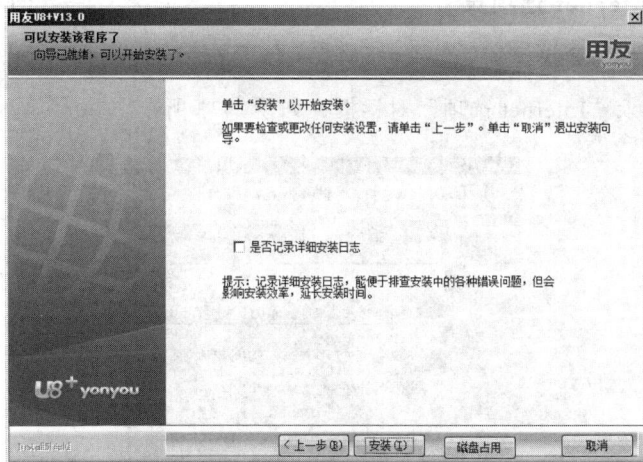

图 1-31　准备安装程序

（11）单击"安装"按钮，进入"安装状态"界面，安装完毕，重新启动计算机。

（12）重新启动后，系统提示进行数据源配置，在"数据库"文本框中输入"127.0.0.1"（也可输入"localhost"".""或本机的计算机名），在"SA 口令"文本框中输入安装 SQL Server 时的密码，输入完毕单击"测试连接"按钮，如图 1-32 所示。

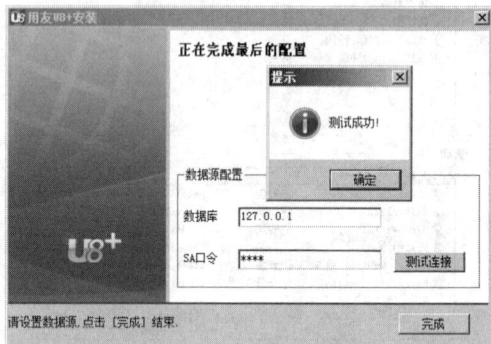

图 1-32　数据源配置

（13）单击"确定"按钮，再单击"完成"按钮，系统提示是否进行初始化，这里暂不初始化数据库。

# 1.2　系统配置

## 1. Internet 选项设置

（1）启动 IE 浏览器，选择"工具"菜单下的"Internet 选项"，进入"Internet 选项"对话框，如图 1-33 所示。

Internet 选项设置

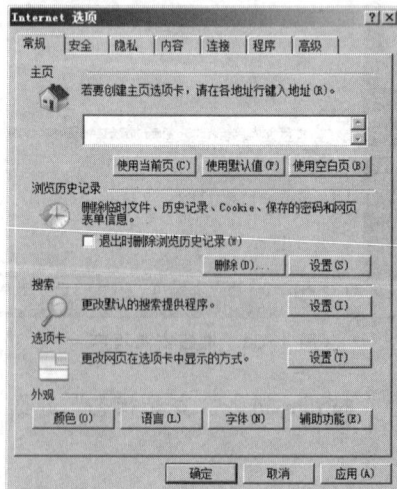

图 1-33　"Internet 选项"对话框

（2）单击"常规"选项卡中"浏览历史记录"选项区的"设置"按钮，在打开的"Internet 临时文件和历史记录设置"对话框中选中"每次访问网页时"单选按钮，如图 1-34 所示。单击"确定"按钮，返回"Internet 选项"对话框。

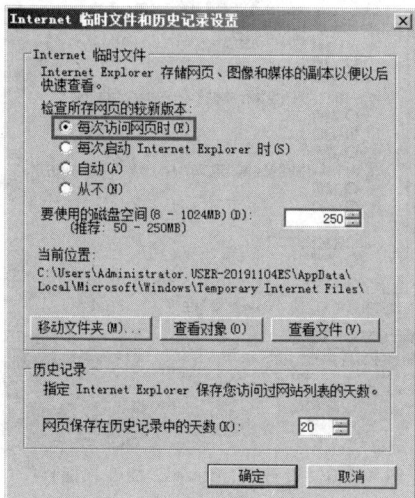

图 1-34 "Internet 临时文件和历史记录设置"对话框

（3）选择"安全"选项卡，单击"受信任的站点"，在打开的"受信任的站点"对话框中添加"127.0.0.1"为受信任站点，如图 1-35 所示。添加完成，关闭"受信任的站点"对话框，返回"安全"选项卡。

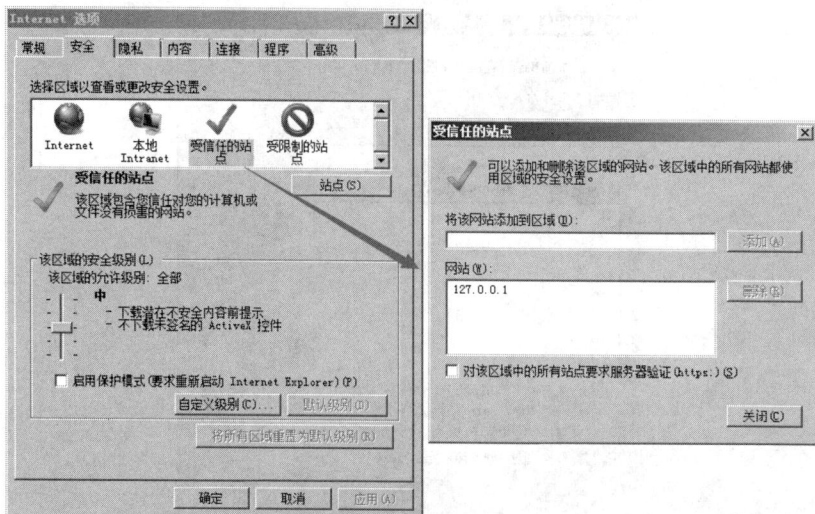

图 1-35 设置受信任的站点

（4）在"安全"选项卡，单击"自定义级别"按钮，打开"安全设置"对话框，将"ActiveX 控件和插件"项下的所有子项均设为"启用"，如图1-36 所示。

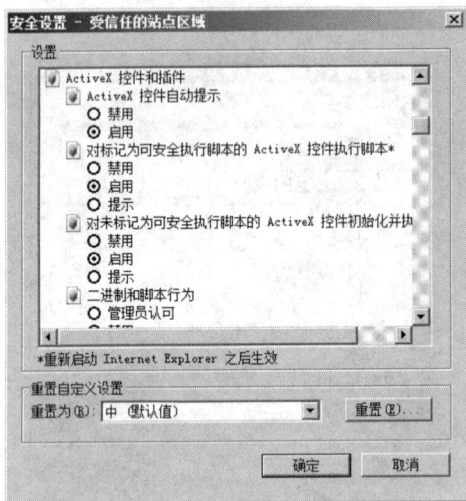

图 1-36　设置"ActiveX 控件和插件"

（5）设置完毕，单击"确定"按钮，直到返回 IE 浏览器界面。

（6）在 IE 浏览器界面，选择"工具"菜单下的"兼容性视图设置"命令，在打开的"兼容性视图设置"对话框中，将"127.0.0.1"添加到兼容性视图中的网站，如图 1-37 所示。

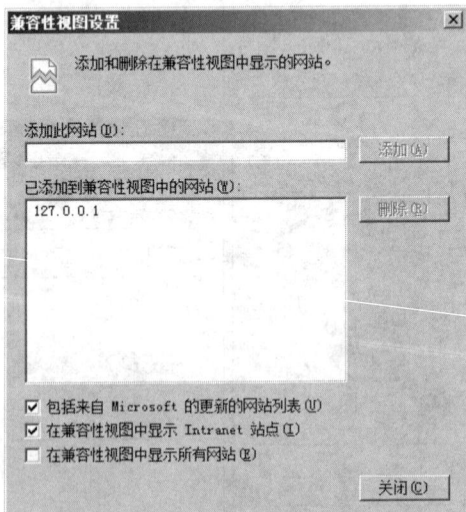

图 1-37　兼容性视图设置

### 2. 应用服务器配置

（1）执行"开始→所有程序→用友 U8+V13.0→系统服务→应用服务器配置"命令，打开"U8 应用服务器配置工具"窗口，如图 1-38 所示。

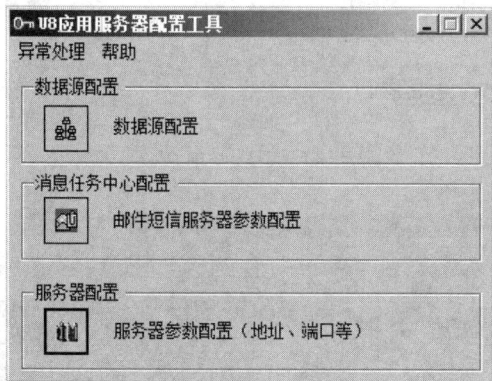

图 1-38 "U8 应用服务器配置工具"窗口

应用服务器配置

（2）单击"服务器配置"下面的图标，弹出"服务器参数配置"对话框，参照图 1-39 完成相关参数配置，单击"确定"按钮，再关闭"U8 应用服务器配置工具"窗口。

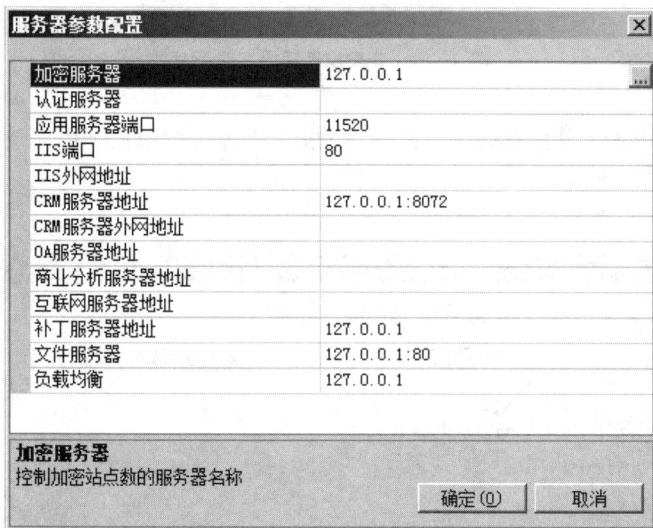

图 1-39 服务器参数配置

### 3. 登录设置

（1）双击桌面上的"企业信息门户"，弹出"配置"对话框，在地址栏中输入"127.0.0.1"，如图 1-40 所示。

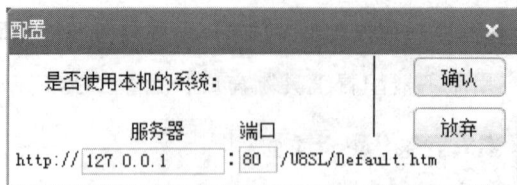

图 1-40 配置服务器地址

（2）单击"确认"按钮，弹出图 1-41 所示的窗口。

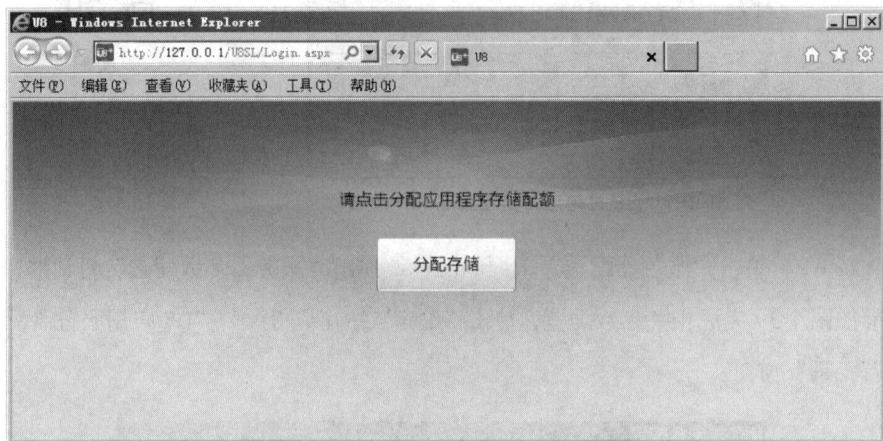

图 1-41 分配应用程序存储配额

（3）单击"分配存储"按钮，系统提示"是否要增加可用存储？"，如图 1-42 所示。

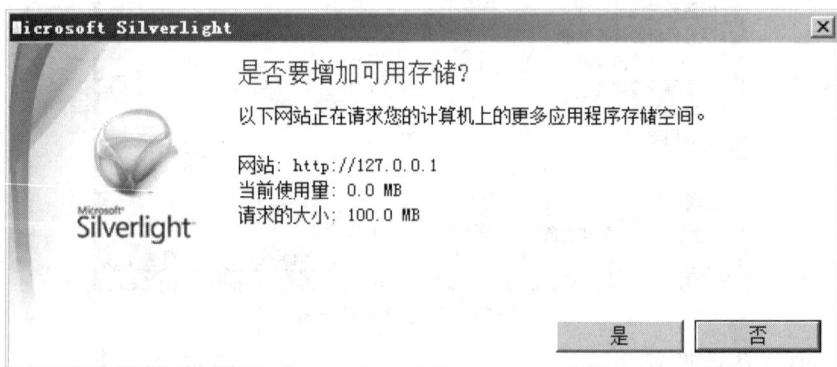

图 1-42 是否增加可用存储

（4）单击"是"按钮，打开企业信息门户的登录界面，如图 1-43 所示。

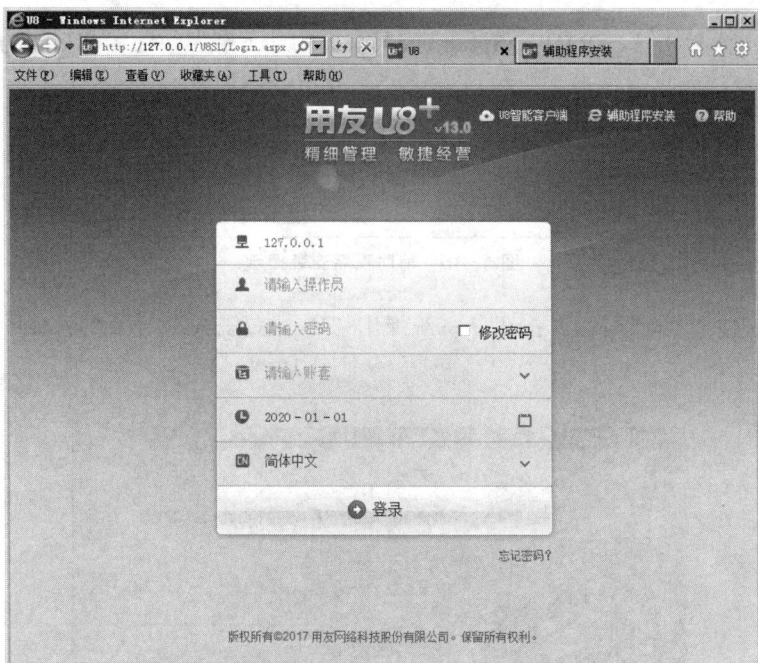

图 1-43　企业信息门户登录界面

（5）单击右上角的"辅助程序安装"按钮，打开"辅助程序列表"窗口，如图 1-44 所示。

| 序号 | 程序名称 | 描述 | 下载安装 |
|------|----------|------|----------|
| 1 | U8UAPWebSetup.exe | 完成IE配置，以及安装客户端打印、CA登录、B/S与C/S之间的跳转等功能所需的辅助程序 | 下载 |
| 2 | U8HRWebSetup.exe | 使用HR子产品必须安装的程序 | 下载 |
| 3 | U8BMWebSetup.exe | 使用预算管理、网上结算子产品必须安装的程序 | 下载 |
| 4 | U8CRWebSetup.exe | 使用集团应用合并报表子产品必须安装的程序 | 下载 |
| 5 | U8NetWorkSetup.exe | 外网访问配置程序，使用外网的客户端必须下载并运行此程序 | 下载 |

注：以上任何一项辅助程序都包含了对IE相关项包括兼容性视图的设置，如果仅仅只需要配置IE，则选择任何一项下载安装均可。

图 1-44　"辅助程序列表"窗口

（6）单击"U8BMWebSetup.exe"右侧的"下载"按钮，窗口下方弹出图 1-45 所示的提示框。

您是要运行还是保存来自 127.0.0.1 的 **U8BMWebSetup.exe** (2.29 MB)？ ✕

运行(R)　　保存(S)　▼　取消(C)

图 1-45　辅助程序安装提示

（7）单击"运行"按钮，系统弹出"IE 配置工具"对话框，如图 1-46 所示。

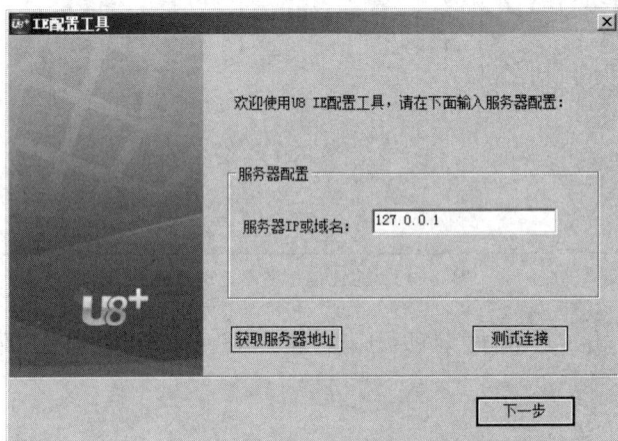

U8+ IE配置工具　　　　　　　　　　　　　　　　✕

欢迎使用U8 IE配置工具，请在下面输入服务器配置：

服务器配置

服务器IP或域名：　127.0.0.1

U8+

获取服务器地址　　　　　　　　　　测试连接

下一步

图 1-46　服务器配置

（8）单击"下一步"按钮，再单击对话框右上角的"开始配置"按钮，如图 1-47 所示。

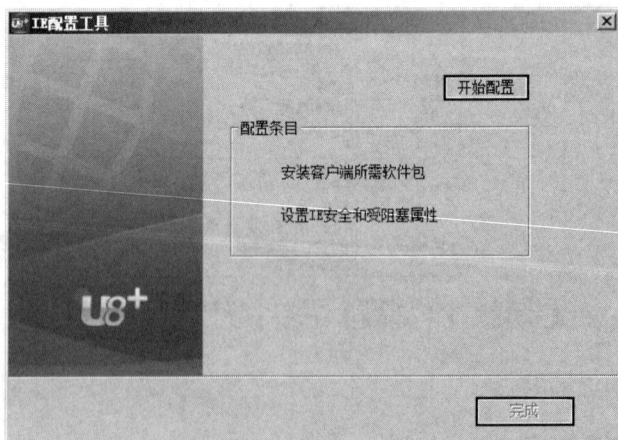

U8+ IE配置工具　　　　　　　　　　　　　　　　✕

开始配置

配置条目

安装客户端所需软件包

设置IE安全和受阻塞属性

U8+

完成

图 1-47　配置条目

（9）配置完成后，系统再次打开企业信息门户的登录界面，用友 ERP-U8 V13.0 的系统安装及环境配置全部完成。

# 1.3 预算管理系统概述

## 1．应用模式

根据企业规模大小及业务复杂程度的不同，预算管理系统的应用模式分为以下两种。

（1）单一企业应用模式

对于单一企业的预算管理，可以选择以整个企业为单位或以各个部门为单位进行。在单一企业应用模式下，可以单独使用预算管理模块，也可以与 U8 其他模块联合使用，并利用 UFO 取数函数获得数据。具体而言，单一企业应用模式包括两种子模式。

第一种子模式为预算管理模块独立使用。这种子模式适用于不使用 U8 其他模块的用户，该类用户进行预算分析使用的实际执行数据由用户手工录入。

第二种子模式为预算管理模块与总账、采购管理、应付款管理等模块联合使用。这种子模式适用于使用 U8 相关模块的用户。在该子模式下，预算管理系统与其他模块的数据传递关系如下。

① 预算管理系统可以从企业应用平台的基础档案中提取会计科目、存货档案等作为预算档案。

② 预算管理系统可对采购管理系统的固定资产采购、材料采购等进行预算控制。

③ 预算管理系统可对应付款管理系统的资金支付进行预算控制。

④ 预算管理系统可对总账系统的付款记账凭证进行预算控制。

⑤ 预算管理系统可对网上报销系统的职工借款、费用报销等进行预算控制。

⑥ 预算管理系统可从采购管理系统、应付款管理系统以及销售管理等系统获取执行数。

⑦ UFO 报表系统通过预算函数可从预算管理系统获取预算数据。

上述数据传递关系如图 1-48 所示。

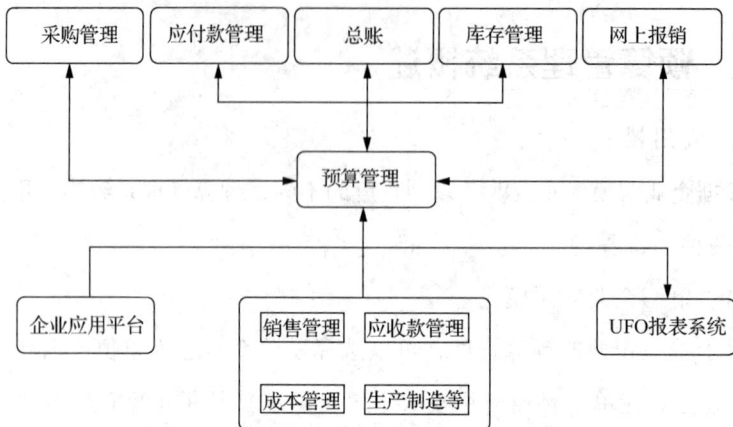

图 1-48　预算管理系统与其他模块的数据传递关系

本书将采用单一企业应用模式中的第二种子模式进行介绍。

（2）集团企业应用模式

集团企业应用模式适用于集团公司整体进行预算管理，可以将分/子公司设为集团公司的部门直接管理，也可以由集团公司统一制定预算内容下发给各分/子公司，以各分/子公司为单位编制预算，各分/子公司接收预算体系后，还可以使用下发体系未引用过的预算项目制定预算内容。

在集团企业应用模式下，集团公司不仅要制定预算体系，集团公司本部也要编制预算，即将编制预算的集团公司本部单独设置为集团公司的一个分/子公司进行管理。具体而言，集团企业应用模式包括两种子模式。

第一种子模式为集中应用模式，该子模式适用于分/子公司本身不进行预算管理，集团对分/子公司执行预算管理的情形。在该子模式下，分/子公司被视为集团公司的部门，集团制定关键预算目标，分/子公司进行分解；分/子公司录入预算数据，集团公司审批与汇总；分/子公司录入预算执行情况，集团公司对预算执行情况进行汇总分析。

第二种子模式为分布应用模式，该子模式适用于分/子公司本身需要进行预算管理，同时集团也对分/子公司执行预算管理的情形。在该模式下，集团制定关键预算目标并下发，分/子公司进行分解；分/子公司上报预算，集团公司审批与汇总预算；分/子公司上报预算执行情况，集团公司汇总分析预算执行情况；分/子公司自己进行全面预算管理。

**2．总体流程**

在预算管理系统与其他业务系统联合使用的单一企业应用模式下，预算管理的总体流程如下。

（1）系统管理设置。根据预算单位基本信息建立账套，增加操作员并设置权限。

（2）基础档案及系统初始化设置。设置各系统共用的基础档案，如存货档案、供应商档案等；根据预算管理需要对付款申请单、采购请购单、采购订单等设置单据；对各业务系统进行初始化设置，如选项设置、科目设置、录入期初余额等。

（3）预算管理设置。设置预算管理系统选项及控制选项；设置预算项目、预算机构的编码方案；设置预算机构；手工添加或从公共平台导入预算档案；对照设置业务账套与控制账套的档案。

（4）建立预算体系。设置预算项目及项目类型；设置预算类型；根据实际需要灵活设计预算表；制定编制机构及预算项目。

（5）编制预算。手工录入或通过公式生成预算数据；审核预算数据；提交与审批预算；调整预算。

（6）预算控制。设置并启动相关控制规则；日常经济业务处理，如有超预算情况需审批；超预算审批后，完成后续业务处理。

（7）预算分析。获取执行数；分析执行情况及完成情况；差异分析。

**3．基本概念**

设计预算表是预算管理的重要工作，用友 ERP-U8 V13.0 系统没有预置的预算表模板，需要用户自行完成预算表的设计工作。常见的管理费用预算表如图 1-49 所示。

从图 1-49 中可以看出，预算表是以表格形式展现的预算内容实体，由预算项目、预算指标、预算周期、预算口径、编制机构等要素构成。

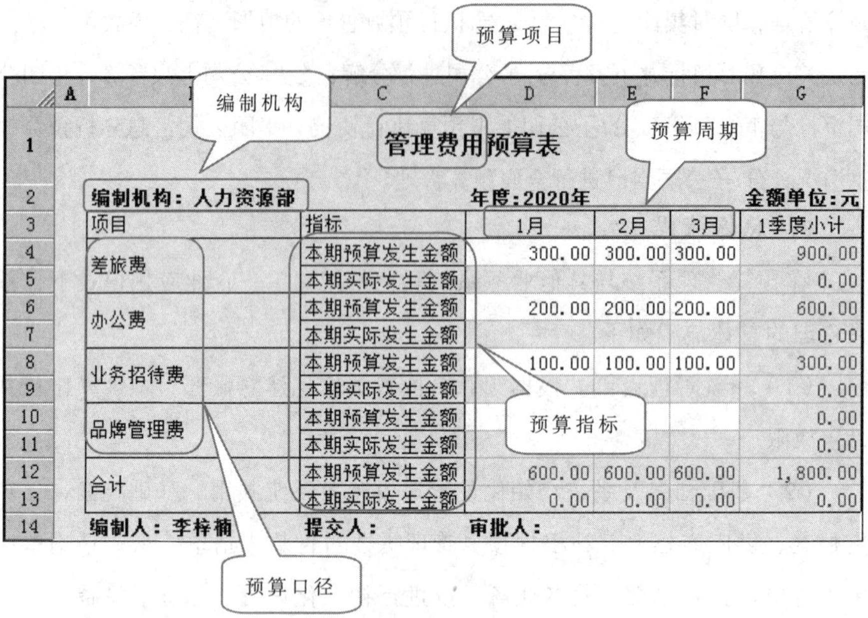


管理费用预算表

编制机构：人力资源部　　年度：2020年　　金额单位：元

| 项目 | 指标 | 1月 | 2月 | 3月 | 1季度小计 |
|---|---|---|---|---|---|
| 差旅费 | 本期预算发生金额 | 300.00 | 300.00 | 300.00 | 900.00 |
| | 本期实际发生金额 | | | | 0.00 |
| 办公费 | 本期预算发生金额 | 200.00 | 200.00 | 200.00 | 600.00 |
| | 本期实际发生金额 | | | | 0.00 |
| 业务招待费 | 本期预算发生金额 | 100.00 | 100.00 | 100.00 | 300.00 |
| | 本期实际发生金额 | | | | 0.00 |
| 品牌管理费 | 本期预算发生金额 | | | | 0.00 |
| | 本期实际发生金额 | | | | 0.00 |
| 合计 | 本期预算发生金额 | 600.00 | 600.00 | 600.00 | 1,800.00 |
| | 本期实际发生金额 | 0.00 | 0.00 | 0.00 | 0.00 |

编制人：李梓楠　　提交人：　　审批人：

图 1-49　预算表

（1）预算项目：根据预算管理需要，对预算对象进行细分所形成的抽象分类。如图 1-49 所示，制定管理费用预算时，其预算对象为管理费用，可以根据管理需要，将管理费用细分为差旅费、办公费、业务招待费以及品牌管理费，等等，这些细分形成的预算对象被称为预算项目。

（2）预算指标：在编制预算的过程中，用于确定预算数据的某种计量方式。如图 1-49 所示，将本期预算发生金额等作为管理费用预算表的预算指标。系统预置的预算指标包括金额、数量、外币、汇率、单价等，用户可以根据需要自定义指标。

（3）预算周期：编制预算的期间。系统支持按年、季度、月编制预算，在一张预算表上可以按照一个预算周期编制，也可以按组合方式编制。

（4）预算口径：归集预算数据或进一步标识预算数据的分类。例如，编制销售预算时，需要按“预算机构+存货”编制预算数据，“预算机构+存货”即为销售预算的口径。用户可以通过这个口径确定“销售部+轿车轮胎”的销售额和销售数量。

（5）编制机构：编制预算的机构。例如，费用预算由各部门编制，各部门即为编制机构。

（6）责任机构：承担预算的机构，可能与编制机构一致，如销售部编制自己的销售预算，也可能不一致，如财务部代编销售部的销售预算。

（7）预算机构：参与预算管理的机构，可以是参与预算编制的编制机构，也可以是对预算进行汇总的机构或承担预算的责任机构。

# 第2章
# 预算管理基础工作

## 2.1 系统管理

**1. 预算单位基本情况**

（1）公司注册资料

公司注册名称：辽宁双圆轮胎有限公司（以下简称"辽宁双圆"）。

公司统一社会信用代码：91210702539106708S。

公司注册地址及电话：辽宁省锦州市古塔区文化路 7 号，电话：0416-2389252。

公司邮箱地址：shuangyuan@163.com。

公司注册资本：人民币 3 000 万元。

公司法定代表人：李梓楠，兼任公司总经理。

公司经营范围：主要从事汽车轮胎的生产和销售。

（2）公司银行资料

中国工商银行锦州古塔支行（基本存款账户），账号：2516695198763161551。

（3）公司税务资料

国家税务总局锦州市古塔区税务局，纳税人识别号同公司统一社会信用代码，缴款账户：国家金库锦州市古塔区支库，账号：2516576534978970592。

**2. 增加操作员**

实验资料

辽宁双圆的 U8 系统共有 7 位操作员，如表 2-1 所示。

增加操作员

表 2-1 U8 系统操作员/用户

| 编号 | 姓名 | 用户类型 | 认证方式 | 口令 | 所属部门 | 角色 | 职务 |
|------|------|----------|----------|------|----------|------|------|
| A01 | 李梓楠 | 普通用户 | 用户+口令（传统） | | 综合管理部 | 账套主管 | 总经理 |
| W01 | 王健荣 | 普通用户 | 用户+口令（传统） | | 财务部 | 普通员工 | 财务经理 |
| W02 | 张博文 | 普通用户 | 用户+口令（传统） | | 财务部 | 普通员工 | 会计 |
| W03 | 马浩洋 | 普通用户 | 用户+口令（传统） | | 财务部 | 普通员工 | 出纳 |
| G01 | 赵子晨 | 普通用户 | 用户+口令（传统） | | 采购部 | 普通员工 | 采购员 |
| X01 | 纪超岩 | 普通用户 | 用户+口令（传统） | | 销售部 | 普通员工 | 销售员 |
| C01 | 冯艳琪 | 普通用户 | 用户+口令（传统） | | 仓储部 | 普通员工 | 库管员 |

**实验过程**

（1）由系统管理员（admin）登录系统管理。执行"开始→所有程序→用友
U8+V13.0→系统服务→系统管理"命令，打开"用友 U8［系统管理］"窗口。
在该窗口，选择"系统→注册"命令，打开登录窗口，如图 2-1 所示，单击
"登录"按钮，打开系统管理窗口。

图 2-1 系统管理登录窗口

（2）增加操作员。在系统管理窗口，单击"权限"菜单下的"用户"命令，打开"用户管理"窗口，单击"增加"按钮，根据表 2-1 添加 7 位用户，结果如图 2-2 所示。

| 用户编码 | 用户全名 | 部门 | Email地址 | 手机号 | 用户类型 | 认证方式 | 状态 | 创建时间 |
|---|---|---|---|---|---|---|---|---|
| A01 | 李梓楠 | 综合管理部 | | | 普通用户 | 用户+口令（传统） | 启用 | 2020-01-01 15:14:22 |
| admin | admin | | | | 管理员用户 | 用户+口令（传统） | 启用 | |
| C01 | 冯艳琪 | 仓储部 | | | 普通用户 | 用户+口令（传统） | 启用 | 2020-01-01 15:22:40 |
| demo | demo | | | | 普通用户 | 用户+口令（传统） | 启用 | |
| G01 | 赵子晨 | 采购部 | | | 普通用户 | 用户+口令（传统） | 启用 | 2020-01-01 15:18:11 |
| SYSTEM | SYSTEM | | | | 普通用户 | 用户+口令（传统） | 启用 | |
| UFSOFT | UFSOFT | | | | 普通用户 | 用户+口令（传统） | 启用 | |
| W01 | 王健荣 | 财务部 | | | 普通用户 | 用户+口令（传统） | 启用 | 2020-01-01 15:14:46 |
| W02 | 张博文 | 财务部 | | | 普通用户 | 用户+口令（传统） | 启用 | 2020-01-01 15:17:42 |
| W03 | 马浩洋 | 财务部 | | | 普通用户 | 用户+口令（传统） | 启用 | 2020-01-01 15:17:58 |
| X01 | 纪超岩 | 销售部 | | | 普通用户 | 用户+口令（传统） | 启用 | 2020-01-01 15:18:27 |

图 2-2　添加用户管理窗口

### 3．建立账套

实验资料

建立账套

根据以下资料建立辽宁双圆的账套。

【账套信息】账套号：001；账套名称：辽宁双圆轮胎有限公司；启用会计期：2020 年 1 月。

【单位信息】单位名称：辽宁双圆轮胎有限公司；单位简称：辽宁双圆；单位地址：辽宁省锦州市古塔区文化路 7 号；法人代表：李梓楠；邮政编码：121000；联系电话/传真：0416-2389252；电子邮箱：shuangyuan@163.com；税号：91210702539106708S。

【核算类型】本币代码：RMB；本币名称：人民币；企业类型：工业；行业性质：2007 年新会计准则科目；账套主管：李梓楠。

【基础信息】该企业进行经济业务处理时，需要对存货进行分类，客户、供应商不分类，有外币核算。

【编码方案】科目编码级次：4-2-2-2-2；部门编码级次：2-2。其他项默认。

【数据精度】该企业将存货数量、存货单价、开票单价、件数、换算率等的小数位数约定为 2 位。

【启用系统】辽宁双圆的 U8 系统共使用 8 个子系统，如表 2-2 所示。

表 2-2　　　　　　　辽宁双圆 001 账套启用的子系统

| 系统编码 | 系统名称 | 启用会计期间 | 启用自然日期 | 启用人 |
|---|---|---|---|---|
| GL | 总账 | 2020-01 | 2020-01-01 | admin |
| AR | 应收款管理 | 2020-01 | 2020-01-01 | admin |
| AP | 应付款管理 | 2020-01 | 2020-01-01 | admin |
| BM | 预算管理 | 2020-01 | 2020-01-01 | admin |
| SA | 销售管理 | 2020-01 | 2020-01-01 | admin |
| PU | 采购管理 | 2020-01 | 2020-01-01 | admin |
| ST | 库存管理 | 2020-01 | 2020-01-01 | admin |
| IA | 存货核算 | 2020-01 | 2020-01-01 | admin |

实验过程

（1）在"用友 U8［系统管理］"窗口，选择"账套→建立"命令，打开"创建账套——建账方式"对话框，如图 2-3 所示。

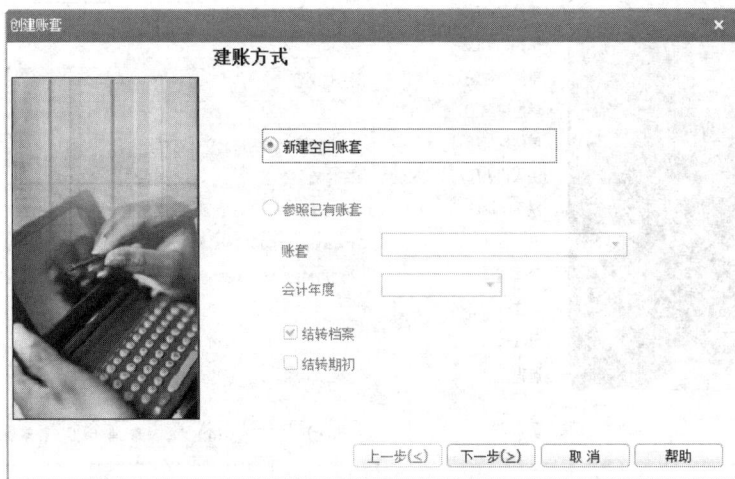

图 2-3　"建账方式"对话框

（2）单击"下一步"按钮，打开"创建账套——账套信息"对话框，"账套名称"文本框中输入"辽宁双圆轮胎有限公司"，将"启用会计期"设置为 2020 年 1 月，结果如图 2-4 所示。

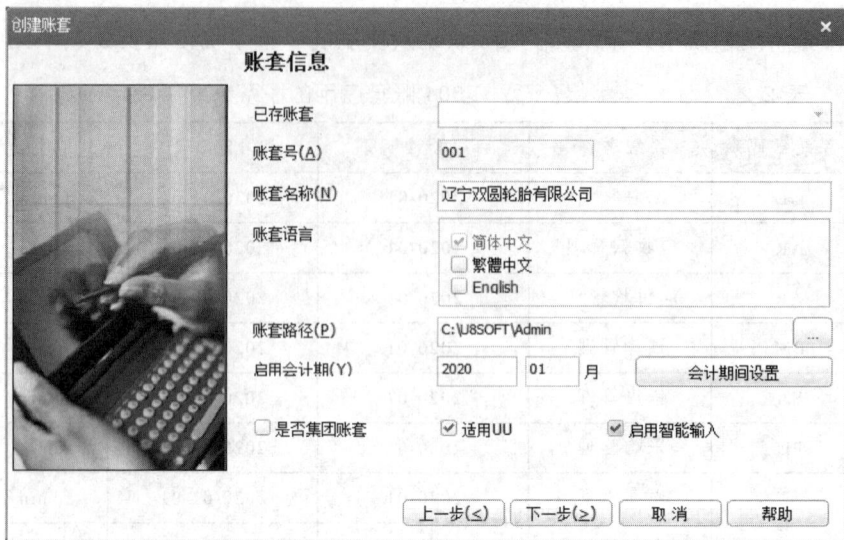

图 2-4　"账套信息"对话框

（3）单击"下一步"按钮，打开"创建账套——单位信息"对话框，根据资料输入相关信息，结果如图 2-5 所示。

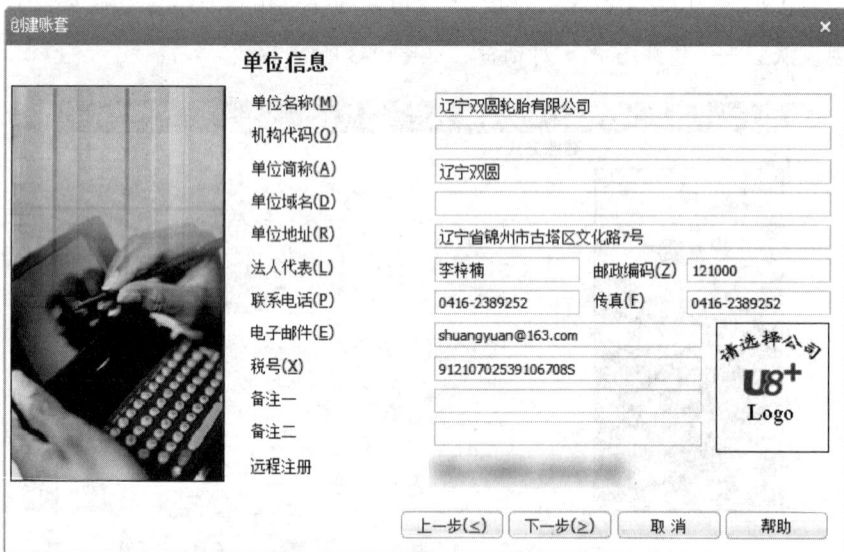

图 2-5　输入单位信息

（4）单击"下一步"按钮，打开"创建账套——核算类型"对话框，"企业类型"选择"工业"，"行业性质"选择"2007 年新会计准则科目"，"账套主管"选择"[A01]李梓楠"，其他项默认，结果如图 2-6 所示。

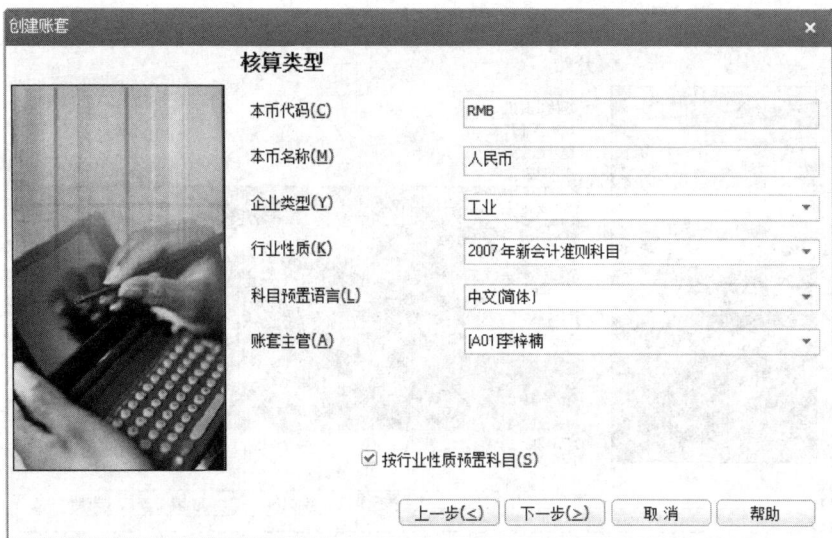

图 2-6　"核算类型"对话框

（5）单击"下一步"按钮，打开"创建账套——基础信息"对话框，勾选"存货是否分类""有无外币核算"复选框，其他项默认，结果如图 2-7 所示。

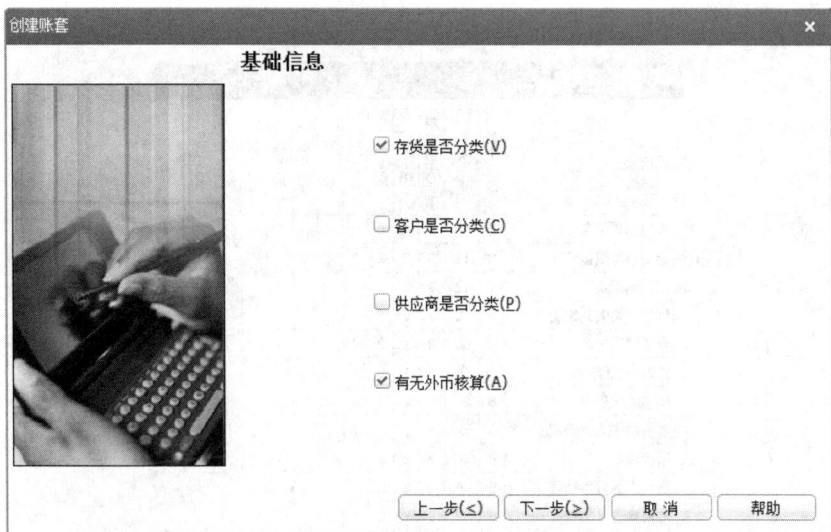

图 2-7　"基础信息"对话框

（6）单击"下一步"按钮，打开"创建账套——开始"对话框，如图 2-8 所示，单击"完成"按钮，系统提示"可以创建账套了么？"，单击"是"按钮，系统开始建账。

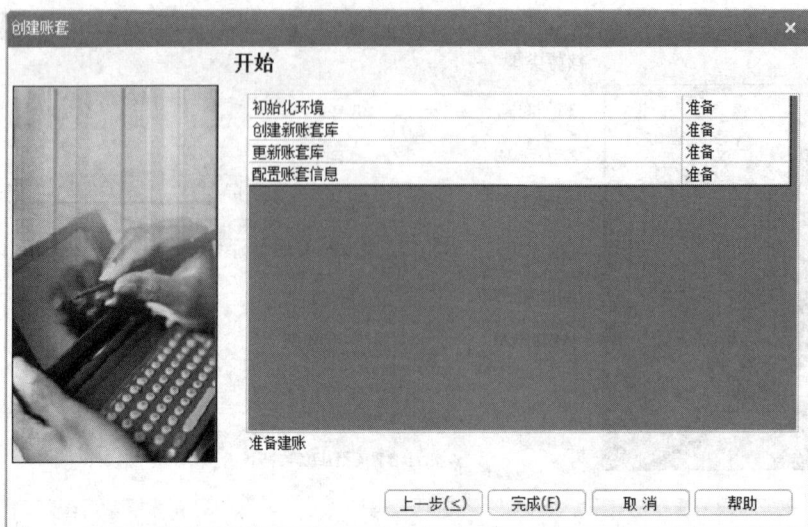

图 2-8 "开始"对话框

（7）建账结束后，在弹出的"编码方案"对话框中，根据资料调整相关编码级次，其他项默认，结果如图 2-9 所示。单击"确定"按钮，再单击"取消"按钮，系统弹出"数据精度"对话框，如图 2-10 所示，单击"确定"按钮。

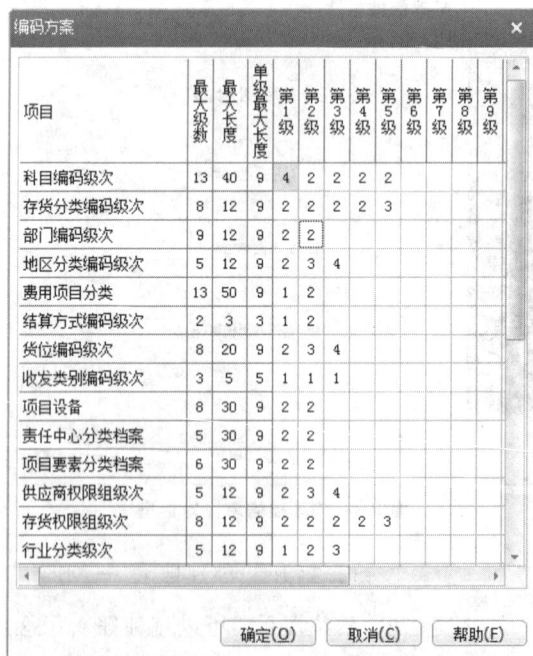

| 项目 | 最大级数 | 最大长度 | 单级最大长度 | 第1级 | 第2级 | 第3级 | 第4级 | 第5级 | 第6级 | 第7级 | 第8级 | 第9级 |
|---|---|---|---|---|---|---|---|---|---|---|---|---|
| 科目编码级次 | 13 | 40 | 9 | 4 | 2 | 2 | 2 | 2 | | | | |
| 存货分类编码级次 | 8 | 12 | 9 | 2 | 2 | 2 | 2 | 3 | | | | |
| 部门编码级次 | 9 | 12 | 9 | 2 | 2 | | | | | | | |
| 地区分类编码级次 | 5 | 12 | 9 | 2 | 3 | 4 | | | | | | |
| 费用项目分类 | 13 | 50 | 9 | 1 | 2 | | | | | | | |
| 结算方式编码级次 | 2 | 3 | 3 | 1 | 2 | | | | | | | |
| 货位编码级次 | 8 | 20 | 9 | 2 | 3 | 4 | | | | | | |
| 收发类别编码级次 | 3 | 5 | 5 | 1 | 1 | 1 | | | | | | |
| 项目设备 | 8 | 30 | 9 | 2 | 2 | | | | | | | |
| 责任中心分类档案 | 5 | 30 | 9 | 2 | 2 | | | | | | | |
| 项目要素分类档案 | 6 | 30 | 9 | 2 | 2 | | | | | | | |
| 供应商权限组级次 | 5 | 12 | 9 | 2 | 3 | 4 | | | | | | |
| 存货权限组级次 | 8 | 12 | 9 | 2 | 2 | 2 | 2 | 3 | | | | |
| 行业分类级次 | 5 | 12 | 9 | 1 | 2 | 3 | | | | | | |

图 2-9 "编码方案"对话框

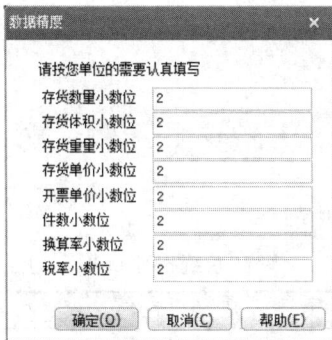

图 2-10 "数据精度"对话框

（8）数据精度设置完毕后，在弹出的"创建账套"对话框中，如图 2-11 所示，单击"是"按钮，打开"系统启用"对话框。根据表 2-2，启用"总账"等 8 个子系统，结果如图 2-12 所示。退出该对话框。

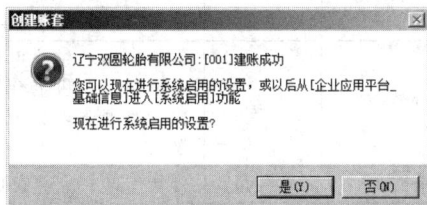

图 2-11 "创建账套"对话框

图 2-12 系统启用

### 4．设置操作员权限

**实验资料**

根据表 2-3 设置操作员权限。

表 2-3　　　　　　　　　　软件系统操作员权限分工

| 编码 | 姓名 | 隶属部门 | 职务 | 权限分工 |
|------|------|----------|------|----------|
| A01 | 李梓楠 | 总经理办公室 | 总经理 | 账套主管 |
| W01 | 王健荣 | 财务部 | 财务经理 | 审核凭证、查询凭证、对账、总账结账、编制 UFO 报表、预算管理 |
| W02 | 张博文 | 财务部 | 会计 | 总账（填制凭证、查询凭证、记账、常用凭证、账表、期末处理）、应收款和应付款管理[不含收（付）款单据录入、销售定金转出、选择收（付）款和票据管理]、存货核算的所有权限 |
| W03 | 马浩洋 | 财务部 | 出纳 | 公共单据、付款申请处理、收（付）款单填制、销售定金转出、选择收（付）款、票据管理、出纳签字及出纳的所有权限 |
| G01 | 赵子晨 | 采购部 | 采购员 | 公共单据、采购管理的所有权限 |
| X01 | 纪超岩 | 销售部 | 销售员 | 销售管理的所有权限 |
| C01 | 冯艳琪 | 仓储部 | 库管员 | 公共单据、库存管理的所有权限 |

**实验过程**

在系统管理窗口，单击"权限"菜单下的"权限"命令，打开"操作员权限"窗口，根据表 2-3 设置除李梓楠以外 6 位操作员的权限，结果如图 2-13 所示。

图 2-13　设置操作员权限

## 2.2　基础档案设置

由账套主管李梓楠（A01）登录企业应用平台。执行"开始→所有程序→用友 U8+V13.0→企业应用平台"命令，打开登录窗口。在该窗口，"操作员"输入"A01"，"账套"选择"[001]（default）辽宁双圆轮胎有限公司"，"操作日期"选择"2020-01-01"，结果如图 2-14 所示。单击"登录"按钮，进入企业应用平台。

图 2-14　企业应用平台登录窗口

> **提示**　如果系统桌面有"企业应用平台"图标，双击该图标也可打开登录窗口。

### 1．设置机构人员档案

（1）增加部门档案

**实验资料**

增加部门档案

部门档案如表 2-4 所示。

表 2-4　　　　　　　　　　　部门档案

| 部门编码 | 部门名称 |
|---|---|
| 01 | 综合管理部 |
| 02 | 人力资源部 |

续表

| 部门编码 | 部门名称 |
|---|---|
| 03 | 财务部 |
| 04 | 采购部 |
| 05 | 生产部 |
| 06 | 销售部 |
| 07 | 仓储部 |

**实验过程**

单击"业务导航→基础设置"选项卡中的"基础档案→机构人员→机构→部门档案"菜单，打开"部门档案"窗口，单击"增加"按钮，根据表 2-4 逐个添加部门档案信息，添加完毕单击"刷新"按钮，结果如图 2-15 所示。

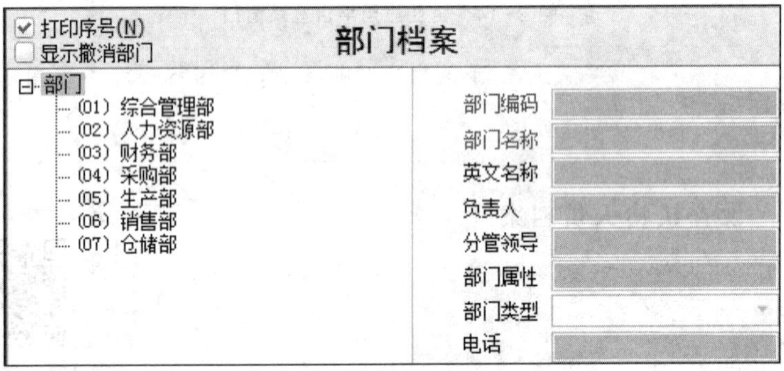

图 2-15 添加部门档案

（2）增加人员档案

**实验资料**

人员档案如表 2-5 所示。

增加人员档案

表 2-5　　　　　　　　　　　　　人员档案

| 部门编码和名称 | 人员编码和姓名 | 性别 | 雇佣状态 | 人员类别 | 是否是业务员 | 是否是操作员 |
|---|---|---|---|---|---|---|
| 01 综合管理部 | A01 李梓楠 | 男 | 在职 | 正式工 | 是 | 是 |
| 02 人力资源部 | R01 刘颖华 | 女 | 在职 | 正式工 | 是 | |
| 03 财务部 | W01 王健荣 | 男 | 在职 | 正式工 | 是 | 是 |
| | W02 张博文 | 男 | 在职 | 正式工 | 是 | 是 |
| | W03 马浩洋 | 女 | 在职 | 正式工 | 是 | 是 |
| 04 采购部 | G01 赵子晨 | 男 | 在职 | 正式工 | 是 | 是 |
| | G02 徐日强 | 男 | 在职 | 正式工 | 是 | 是 |
| 05 生产部 | S01 陈惠民 | 男 | 在职 | 正式工 | 是 | |
| | S02 马飞雪 | 女 | 在职 | 正式工 | 是 | |
| 06 销售部 | X01 纪超岩 | 男 | 在职 | 正式工 | 是 | 是 |
| | X02 胡海燕 | 女 | 在职 | 正式工 | 是 | |
| 07 仓储部 | C01 冯艳琪 | 女 | 在职 | 正式工 | 是 | 是 |

**实验过程**

　　单击"业务导航→基础设置"选项卡中的"基础档案→机构人员→人员→人员档案"菜单，打开"人员档案"窗口，单击"增加"按钮，根据表 2-5 逐个添加人员档案信息，结果如图 2-16 所示。

图 2-16　添加人员档案

### 2. 客商信息设置

（1）增加供应商档案

**实验资料**

增加供应商档案

供应商档案如表 2-6 所示。

表 2-6 供应商档案

| 供应商 | 地址、电话、税号 | 开户银行、账号 |
|---|---|---|
| 湖北艺歌实业有限公司<br>编码：001<br>简称：湖北艺歌 | 湖北省宜昌市夷陵区振兴路 56 号<br>0717-6158519<br>91420506799898262K | 中国农业银行宜昌振兴支行<br>3591019328287521042 |
| 辽宁彗星科技有限公司<br>编码：002<br>简称：辽宁彗星 | 辽宁省沈阳市大东区 12 号<br>024-87280799<br>91210104567932116X | 中国银行沈阳大东支行<br>6638197891752266315 |
| 四川志华包装有限公司<br>编码：003<br>简称：四川志华 | 四川省成都市金牛区知春路 28 号<br>028-26396108<br>91510106329035722U | 招商银行成都金牛分行<br>5545373468116081796 |

**实验过程**

单击"业务导航→基础设置"选项卡中的"基础档案→客商信息→供应商档案"菜单，打开"供应商档案"窗口，单击"增加"按钮，根据表 2-6 逐个添加供应商档案，结果如图 2-17 所示。

| ☑ 打印序号(N) | | | | 供应商档案 | | | | | |
|---|---|---|---|---|---|---|---|---|---|
| 日 供应商分类<br>  (00) 无分类 | 序号 | 选择 | 供应商编码 | 供应商名称 | 供应商简称 | 发展日期 | 电话 | 专营业务员名称 | 分管部门名称 |
| | 1 | | 001 | 湖北艺歌实业有限公司 | 湖北艺歌 | 2020-01-01 | 0717-6158519 | | |
| | 2 | | 002 | 辽宁彗星科技有限公司 | 辽宁彗星 | 2020-01-01 | 024-87280799 | | |
| | 3 | | 003 | 四川志华包装有限公司 | 四川志华 | 2020-01-01 | 028-26396108 | | |

图 2-17 添加供应商档案

（2）增加客户档案

**实验资料**

增加客户档案

客户档案如表 2-7 所示。

表 2-7  客户档案

| 客户 | 地址、电话、税号 | 开户银行、账号 |
|---|---|---|
| 江苏远达汽车有限公司<br>编码：001<br>简称：江苏远达 | 江苏省南京市鼓楼区云飞路 10 号<br>025-88071765<br>91320106309578658R | 中国银行南京鼓楼支行<br>9726067635772537265 |
| 海南万通汽车有限公司<br>编码：002<br>简称：海南万通 | 海南省海口市秀英区科技路 3 号<br>0898-69375850<br>91460105169963892B | 中国工商银行海口秀英支行<br>2071287360416386275 |
| 河北长信汽车有限公司<br>编码：003<br>简称：河北长信 | 河北省保定市南市区建国路 33 号<br>0312-2175968<br>91130604509212189W | 交通银行保定建国路支行<br>6213724067221580217 |

**实验过程**

单击"业务导航→基础设置"选项卡中的"基础档案→客商信息→客户档案"菜单，打开"客户档案"窗口，单击"增加"按钮，根据表 2-7逐个添加客户档案，结果如图 2-18 所示。

☑ 打印序号(N)

客户档案

| | 序号 | 选择 | 客户编码 | 客户名称 | 客户简称 | 发展日期 | 电话 | 专营业务员名称 | 分管部门名称 |
|---|---|---|---|---|---|---|---|---|---|
| 客户分类<br>(00) 无分类 | 1 | | 001 | 江苏远达汽车有限公司 | 江苏远达 | 2020-01-01 | 025-88071765 | | |
| | 2 | | 002 | 海南万通汽车有限公司 | 海南万通 | 2020-01-01 | 0898-69375850 | | |
| | 3 | | 003 | 河北长信汽车有限公司 | 河北长信 | 2020-01-01 | 0312-2175968 | | |

图 2-18  添加客户档案

### 3. 存货设置

（1）增加存货分类

**实验资料**

存货分类如表 2-8 所示。

增加存货分类

表 2-8  存货分类

| 编码 | 名称 |
|---|---|
| 01 | 原材料 |
| 02 | 周转材料 |
| 03 | 库存商品 |

**实验过程**

单击"业务导航→基础设置"选项卡中的"基础档案→存货→存货分类"菜单，打开"存货分类"窗口，单击"增加"按钮，根据表 2-8 逐个添加存货分类信息，结果如图 2-19 所示。

存货分类

- 存货分类
  - (01) 原材料
  - (02) 周转材料
  - (03) 库存商品

分类编码
分类名称
对应条形码

编码规则：** ** ** ** ***

图 2-19　添加存货分类

（2）设置计量单位

**实验资料**

计量单位如表 2-9 所示。

表 2-9　　　　　　　　　　计量单位

| 计量单位组 | | | 计量单位 | | |
|---|---|---|---|---|---|
| 编码 | 名称 | 类别 | 编码 | 名称 | 备注 |
| 1 | 自然单位组 | 无换算率 | 11 | kg | |
| | | | 12 | 套 | |
| | | | 13 | 双 | |
| | | | 14 | 个 | |

设置计量单位

**实验过程**

单击"业务导航→基础设置"选项卡中的"基础档案→存货→计量

单位"菜单，打开"计量单位"窗口，单击"分组"按钮，打开"计量单位组"窗口，根据表 2-9 添加计量单位组，结果如图 2-20 所示。退出该窗口并返回"计量单位"窗口。

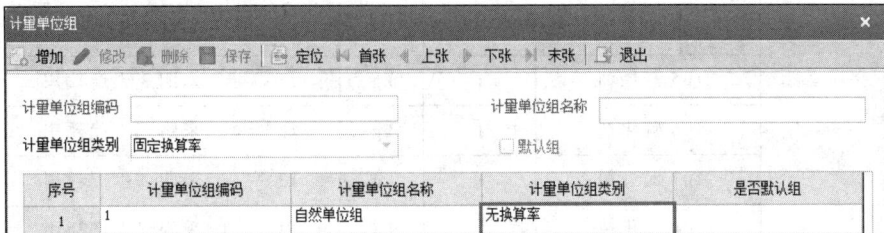

图 2-20　添加计量单位组

在"计量单位"窗口单击"单位"按钮，打开新的"计量单位"窗口，根据表 2-9 添加计量单位信息，添加完毕后退出该新的"计量单位"窗口，结果如图 2-21 所示。

图 2-21　添加计量单位

（3）增加存货档案

**实验资料**

存货档案如表 2-10 所示。

表 2-10　　　　　　　　　　存货档案

| 存货分类 | 存货编码及名称 | 计量单位组 | 计量单位 | 税率（%） | 存货属性 |
|---|---|---|---|---|---|
| 01 原材料 | 101 丁苯橡胶 | 1 | kg | 13 | 采购、生产耗用 |
| | 102 天然橡胶 | 1 | kg | 13 | 采购、生产耗用 |

续表

| 存货分类 | 存货编码及名称 | 计量<br>单位组 | 计量<br>单位 | 税率<br>（%） | 存货属性 |
|---|---|---|---|---|---|
| 01 原材料 | 103 硅烷偶联剂 | 1 | kg | 13 | 采购、生产耗用 |
| | 104 防焦剂 | 1 | kg | 13 | 采购、生产耗用 |
| | 105 芳烃油 | 1 | kg | 13 | 采购、生产耗用 |
| | 106 硫化剂 | 1 | kg | 13 | 采购、生产耗用 |
| | 107 促进剂 | 1 | kg | 13 | 采购、生产耗用 |
| | 108 软化剂 | 1 | kg | 13 | 采购、生产耗用 |
| | 109 防老剂 | 1 | kg | 13 | 采购、生产耗用 |
| | 110 补强剂 | 1 | kg | 13 | 采购、生产耗用 |
| | 111 脱模剂 | 1 | kg | 13 | 采购、生产耗用 |
| | 112 热镀锌钢丝 | 1 | kg | 13 | 采购、生产耗用 |
| | 113 镀铜钢丝 | 1 | kg | 13 | 采购、生产耗用 |
| | 114 炭黑 | 1 | kg | 13 | 采购、生产耗用 |
| 02 周转<br>材料 | 201 轮胎包装膜 | 2 | kg | 13 | 采购、生产耗用 |
| | 202 轮胎包装袋 | 2 | 个 | 13 | 采购、生产耗用 |
| | 203 鞋套 | 2 | 双 | 13 | 采购、生产耗用 |
| | 204 头套 | 2 | 个 | 13 | 采购、生产耗用 |
| | 205 手套 | 2 | 双 | 13 | 采购、生产耗用 |
| 03 库存<br>商品 | 301 轿车轮胎 | 3 | 套 | 13 | 内销、外销、自制 |
| | 302 货车轮胎 | 3 | 套 | 13 | 内销、外销、自制 |

**实验过程**

　　单击"业务导航→基础设置"选项卡中的"基础档案→存货→存货档案"菜单，打开"存货档案"窗口，单击窗口左侧"存货分类"的"原材料"，再单击"增加"按钮，打开"增加存货档案"窗口，根据表 2-10 添加存货档案信息，结果如图 2-22 所示。按此方法继续添加其他类别的存货档案，添加完毕后退出该窗口。

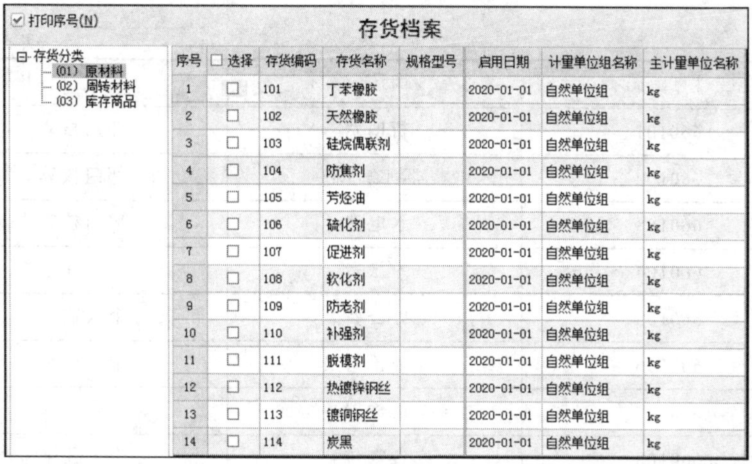

图 2-22　添加存货档案

## 4．财务设置

（1）维护会计科目

**实验资料**

维护会计科目

① 指定会计科目。

指定"1001 库存现金"为现金科目，"1002 银行存款"为银行科目。

② 增加会计科目。

根据表 2-11 新增会计科目。

表 2-11　　　　　　　　　　会计科目表

| 科目编码 | 科目名称 | 辅助账类型 |
| --- | --- | --- |
| 100201 | 工行锦州古塔支行 | 日记账 银行账 |
| 221101 | 工资 | |
| 221102 | 社会保险费 | |
| 221103 | 住房公积金 | |
| 222101 | 应交增值税 | |
| 22210101 | 进项税额 | |
| 22210102 | 转出未交增值税 | |
| 22210103 | 销项税额 | |
| 222102 | 未交增值税 | |
| 410409 | 未分配利润 | |

| 科目编码 | 科目名称 | 辅助账类型 |
|---|---|---|
| 660101 | 折旧费 | 部门核算 |
| 660102 | 职工薪酬 | 部门核算 |
| 660103 | 水电费 | 部门核算 |
| 660104 | 差旅费 | 个人往来 |
| 660105 | 办公费 | 个人往来 |
| 660106 | 业务招待费 | 个人往来 |
| 660107 | 运输费 | |
| 660108 | 广告宣传费 | 个人往来 |
| 660109 | 委托代销手续费 | |
| 660201 | 折旧费 | 部门核算 |
| 660202 | 职工薪酬 | 部门核算 |
| 660203 | 水电费 | 部门核算 |
| 660204 | 差旅费 | 部门核算 |
| 660205 | 办公费 | 部门核算 |
| 660206 | 业务招待费 | 部门核算 |
| 660207 | 品牌管理费 | |
| 660208 | 修理费 | |
| 660209 | 无形资产摊销 | |
| 660210 | 存货盘点 | |
| 660301 | 利息支出 | |
| 660302 | 汇兑损益 | |
| 660303 | 手续费及工本费 | |
| 660304 | 现金折扣 | |
| 660305 | 票据贴现 | |

③ 修改会计科目。

修改会计科目"应收票据""应收账款"和"预收账款"辅助核算为"客户往来"，受控于"应收系统"。

修改会计科目"应付票据""应付账款"和"预付账款"辅助核算为"供应商往来"，受控于"应付系统"。

**实验过程**

① 指定科目。单击"业务导航→基础设置"选项卡中的"基础档案→财务→会计科目"菜单，打开"会计科目"窗口，单击菜单栏中的"指定科目"按钮，打开"指定科目"对话框，分别指定"现金科目"和"银行科目"，如图 2-23 所示。指定完毕后单击"确定"按钮退出该对话框，返回"会计科目"窗口。

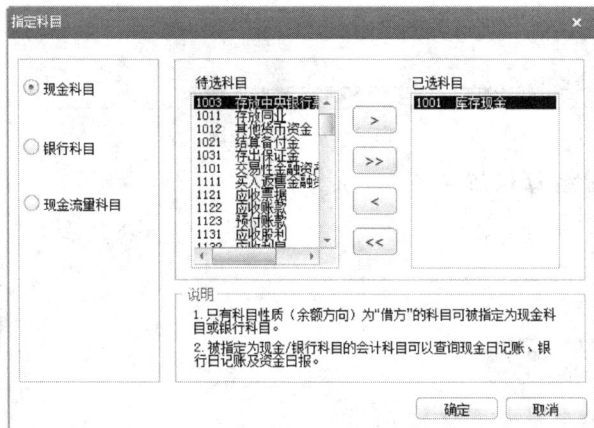

图 2-23　指定科目

② 增加会计科目。在"会计科目"窗口，单击"增加"按钮，根据表 2-11 添加会计科目。

③ 修改会计科目。在"会计科目"窗口，双击要修改的会计科目，单击"修改"按钮，根据资料修改相关会计科目。

（2）设置凭证类别

**实验资料**

辽宁双圆采用通用记账凭证格式。

设置凭证类别

**实验过程**

单击"业务导航→基础设置"选项卡中的"基础档案→财务→凭证类别"

菜单，打开"凭证类别预置"窗口，系统默认选择第一种凭证类别——记账凭证，单击"确定"按钮，打开"凭证类别"窗口，如图 2-24 所示，单击"退出"按钮退出该窗口。

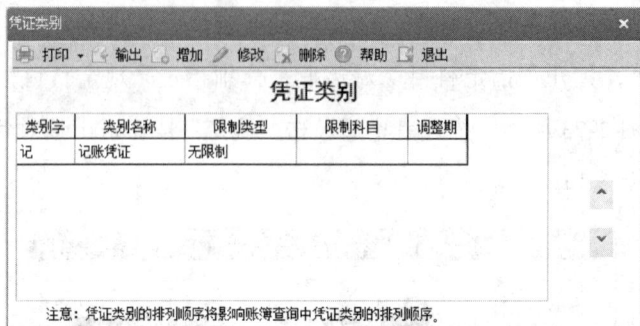

图 2-24　凭证类别

### 5．收付结算设置

（1）增加结算方式

**实验资料**

增加结算方式

常用结算方式如表 2-12 所示。

表 2-12　　　　　　　　　　　常用结算方式

| 结算方式编码 | 结算方式名称 |
| --- | --- |
| 1 | 现金 |
| 2 | 支票 |
| 201 | 现金支票 |
| 202 | 转账支票 |
| 3 | 汇票 |
| 301 | 银行汇票 |
| 302 | 商业承兑汇票 |
| 303 | 银行承兑汇票 |
| 4 | 汇兑 |
| 401 | 电汇 |
| 402 | 信汇 |
| 5 | 委托收款 |
| 6 | 托收承付 |
| 7 | 其他 |

## 实验过程

单击"业务导航→基础设置"选项卡中的"基础档案→收付结算→结算方式"菜单，打开"结算方式"窗口，单击"增加"按钮，根据表 2-12 添加结算方式信息，结果如图 2-25 所示。

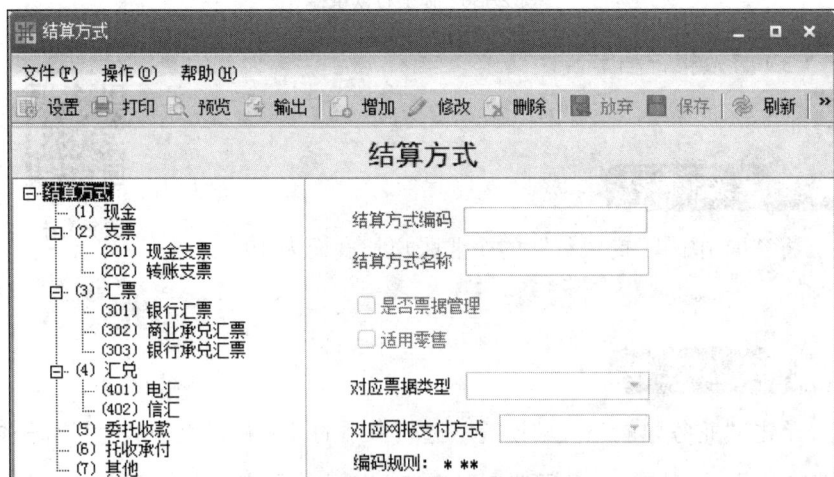

图 2-25　添加结算方式

（2）增加付款条件

## 实验资料

付款条件如表 2-13 所示。

增加付款条件

表 2-13　　　　　　　　付款条件

| 付款条件编码 | 信用天数 | 优惠天数 1 | 优惠率 1 | 优惠天数 2 | 优惠率 2 | 优惠天数 3 | 优惠率 3 |
|---|---|---|---|---|---|---|---|
| 1 | 30 | 10 | 4 | 20 | 2 | 30 | 0 |

## 实验过程

单击"业务导航→基础设置"选项卡中的"基础档案→收付结算→付

款条件"菜单，打开"付款条件"窗口，单击"增加"按钮，根据表 2-13 添加付款条件信息，结果如图 2-26 所示。

| 序号 | 付款条件编码 | 付款条件名称 | 信用天数 | 优惠天数1 | 优惠率1 | 优惠天数2 | 优惠率2 | 优惠天数3 | 优惠率3 | 优惠天数4 | 优惠率4 |
|---|---|---|---|---|---|---|---|---|---|---|---|
| 1 | 1 | 4/10, 2/20, n/30 | 30 | 10 | 4.0000 | 20 | 2.0000 | 30 | 0.0000 | 0 | 0.0000 |

图 2-26　添加付款条件

（3）修改银行档案

**实验资料**

将"01 中国工商银行"的企业账户长度设为 19。

修改银行档案

**实验过程**

单击"业务导航→基础设置"选项卡中的"基础档案→收付结算→银行档案"菜单，打开"银行档案"窗口，双击中国工商银行那一行，打开"修改银行档案"对话框，将企业账号长度改为 19，如图 2-27 所示，保存后退出该窗口。

图 2-27　修改银行档案

（4）增加本单位开户银行

**实验资料**

增加本单位开户银行

辽宁双圆的开户银行资料如表 2-14 所示。

表 2-14 　　　　　　　　　　本单位开户银行

| 编码 | 银行账号 | 账户名称 | 开户银行 | 币种 | 所属银行编码 |
|---|---|---|---|---|---|
| 1 | 2516695198763161551 | 辽宁双圆轮胎有限公司 | 中国工商银行锦州古塔支行 | 人民币 | 01 |

**实验过程**

单击 "业务导航→基础设置" 选项卡中的 "基础档案→收付结算→本单位开户银行" 菜单，打开 "本单位开户银行" 窗口，单击 "增加" 按钮，根据表 2-14 添加开户银行信息，结果如图 2-28 所示。

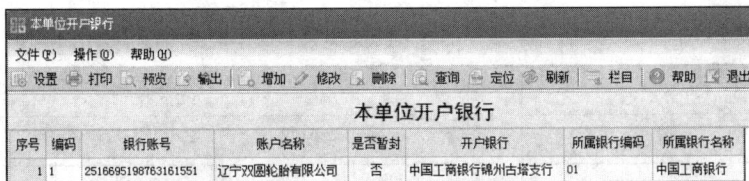

图 2-28 　添加本单位开户银行

## 6. 业务档案设置

（1）增加仓库档案

增加仓库档案

**实验资料**

仓库档案如表 2-15 所示。

表 2-15 　　　　　　　　　　仓库档案

| 仓库编码 | 仓库名称 | 计价方式 | 备注 |
|---|---|---|---|
| 1 | 原材料仓 | 先进先出法 | |
| 2 | 周转材料仓 | 先进先出法 | |
| 3 | 产成品仓 | 先进先出法 | |

### 实验过程

单击"业务导航→基础设置"选项卡中的"基础档案→业务→仓库档案"菜单，打开"仓库档案"窗口，单击"增加"按钮，根据表 2-15 添加仓库档案，其他项默认，结果如图 2-29 所示。关闭该窗口。

☑ 打印序号(N)

**仓库档案**

| 序号 | 仓库编码 | 仓库名称 | 部门名称 | 仓库地址 | 电话 | 负责人 | 计价方式 | 仓库核算组 | 是否货位管理 |
|---|---|---|---|---|---|---|---|---|---|
| 1 | 1 | 原材料仓 | | | | | 先进先出法 | | 否 |
| 2 | 2 | 周转材料仓 | | | | | 先进先出法 | | 否 |
| 3 | 3 | 产成品仓 | | | | | 先进先出法 | | 否 |

图 2-29　添加仓库档案

（2）增加收发类别

### 实验资料

增加收发类别

收发类别如表 2-16 所示。

表 2-16　　　　　　　　　　收发类别

| 一级类别 | | 收发标志 | 二级类别 | |
|---|---|---|---|---|
| 编码 | 名称 | | 编码 | 名称 |
| 1 | 入库 | 收 | 11 | 采购入库 |
| | | | 12 | 产成品入库 |
| | | | 13 | 其他入库 |
| 2 | 出库 | 发 | 21 | 销售出库 |
| | | | 22 | 其他出库 |

### 实验过程

单击"业务导航→基础设置"选项卡中的"基础档案→业务→收发类别"菜单，打开"收发类别"窗口，单击"增加"按钮，根据表 2-16 添加收发类别信息，结果如图 2-30 所示。

图 2-30　添加收发类别

（3）增加采购类型

**实验资料**

采购类型如表 2-17 所示。

表 2-17 采购类型

| 采购类型编码 | 采购类型名称 | 入库类别 |
| --- | --- | --- |
| 01 | 正常采购 | 11 采购入库 |

**实验过程**

单击"业务导航→基础设置"选项卡中的"基础档案→业务→采购类型"菜单，打开"采购类型"窗口，单击"增加"按钮，根据表 2-17 添加采购类型信息，结果如图 2-31 所示。

| 序号 | 采购类型编码 | 采购类型名称 | 入库类别 | 是否默认值 | 是否委外默认值 | 参与需求计划运算 | |
| --- | --- | --- | --- | --- | --- | --- | --- |
| 1 | 01 | 正常采购 | 采购入库 | 否 | 否 | 是 | |

图 2-31　添加采购类型

（4）增加销售类型

**实验资料**

销售类型如表 2-18 所示。

表 2-18　　　　　　　　　　　　销售类型

| 销售类型编码 | 销售类型名称 | 出库类别 |
|:---:|:---:|:---:|
| 01 | 正常销售 | 21 销售出库 |

**实验过程**

　　单击"业务导航→基础设置"选项卡中的"基础档案→业务→销售类型"菜单，打开"销售类型"窗口，单击"增加"按钮，根据表 2-18 添加销售类型信息，结果如图 2-32 所示。

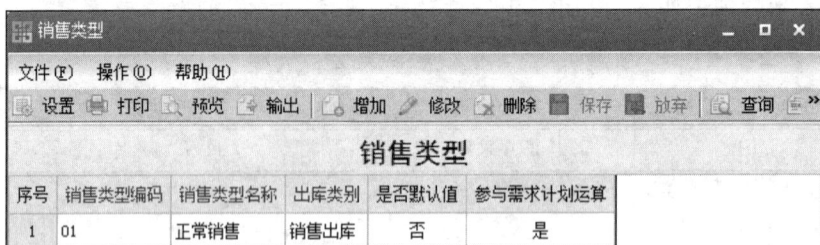

图 2-32　添加销售类型

### 7. 单据设置

（1）设置单据格式

**实验资料**

　　① 为付款申请单增加以下表体项目：审批意见、预算项目编码、预算项目、口径 1 编码、口径 1 名称、口径 2 编码和口径 2 名称。

　　② 为采购请购单、采购订单增加表体项目：审批意见、预算项目编码、预算项目、口径 1 编码、口径 1 名称、口径 2 编码和口径 2 名称。

**实验过程**

单击"业务导航→基础设置"选项卡中的"单据设置→单据格式设置"菜单，打开"单据格式设置"窗口，在该窗口左侧财务会计下级的应付款管理中找到并打开付款申请单，单击工具栏"表体项目"按钮，系统弹出"表体"窗口，勾选该窗口左侧的"审批意见""预算项目编码""预算项目""口径1编码""口径1名称""口径2编码"和"口径2名称"7个表体项目，结果如图2-33所示。按此方法完成其他单据的格式设置。

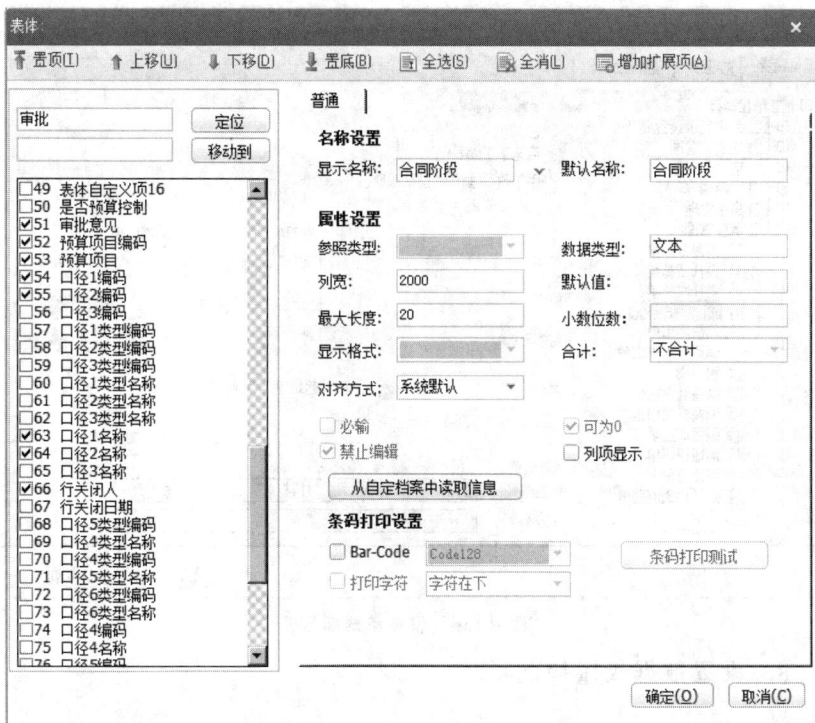

图 2-33　设置付款申请单单据格式

（2）设置单据编号

**实验资料**

设置单据编号

① 将销售专用发票、采购专用发票的编号方式设置为"完全手工编号"。

② 将付款申请单、采购到货单、采购请购单、采购订单、其他入库单、采购入库单的编号方式设置为"手工改动，重号时自动重取"。

**实验过程**

单击"业务导航→基础设置"选项卡中的"单据设置→单据编号设置"菜单，打开"单据编号设置"窗口，在窗口左侧的"销售管理"下找到销售专用发票，单击 ◈ 按钮，勾选"完全手工编号"复选框，如图 2-34 所示，单击"保存"按钮。按此方法完成其他单据的编号设置。

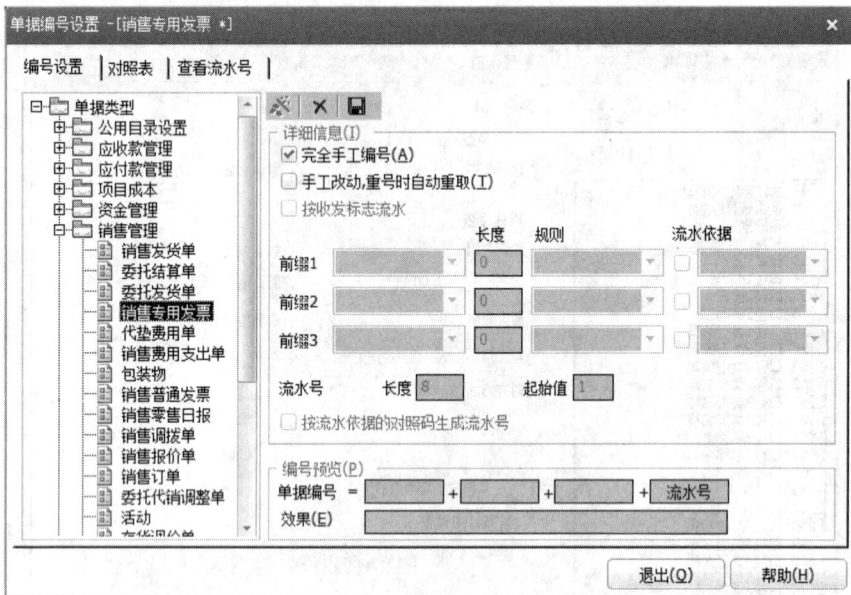

图 2-34　设置单据编号

### 8. 设置数据权限控制

**实验资料**

取消对所有"记录级""字段级"业务对象的权限控制。

**实验过程**

单击"业务导航→系统服务"选项卡中的"权限→数据权限控制设置"

菜单，打开"数据权限控制设置"窗口，在"记录级"选项卡中，单击窗口右下方的"全消"按钮。在"字段级"选项卡中，单击窗口右下方的"全消"按钮。单击"确定"按钮，关闭该窗口。

## 2.3 业务系统初始化

2020 年 1 月 1 日，由李梓楠（A01）登录企业应用平台，完成本节任务。

**1．设置系统参数**

设置系统参数

**实验资料**

各系统参数如表 2-19 所示。

表 2-19 系统参数表

| 系统 | 选项卡 | 参数设置 |
|---|---|---|
| 总账 | 权限 | 出纳凭证必须经由出纳签字 |
| | 其他 | 部门、个人及项目的排序方式均为"按编码排序" |
| 应收款管理 | 常规 | 单据审核日期依据：单据日期<br>坏账处理方式：应收余额百分比法<br>自动计算现金折扣 |
| | 凭证 | 受控科目制单方式：明细到单据 |
| 应付款管理 | 常规 | 单据审核日期依据：单据日期<br>自动计算现金折扣 |
| | 凭证 | 受控科目制单方式：明细到单据 |
| | 收付款控制 | 启用付款申请单<br>付款申请单审批后，自动生成付款单<br>付款申请单来源：采购管理的采购发票 |
| 采购管理 | 公共及参照控制 | 单据默认税率：13% |
| | 预算控制 | 预算控制采购类型：正常采购 |
| 库存管理 | 通用设置 | 采购入库审核时改现存量 |
| | 专用设置 | 允许超发货单出库 |

**实验过程**

单击"业务导航→基础设置"选项卡中的"业务参数→财务会计→总账"菜单，打开"选项"窗口，单击窗口下方的"编辑"按钮，根据表 2-19 设置总账系统选项，如图 2-35 所示。设置完毕后关闭该窗口。按此方法完成其他系统的参数设置。

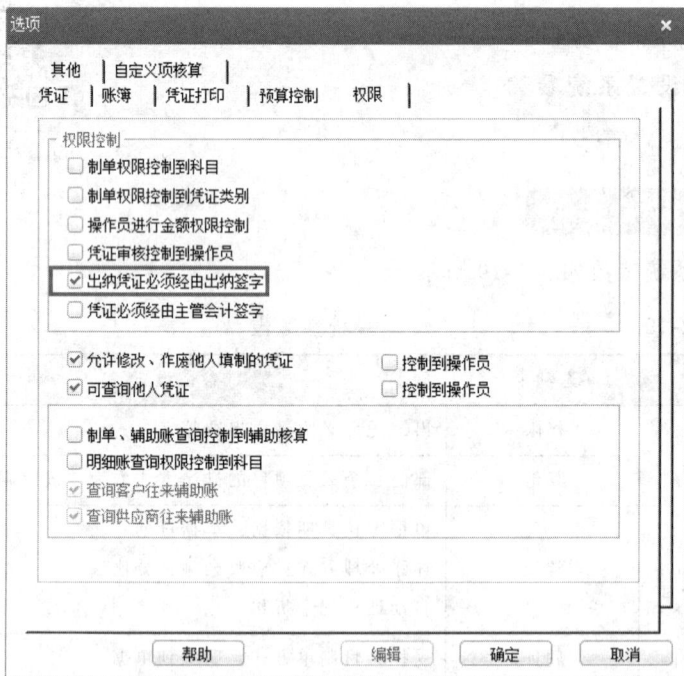

图 2-35　设置总账系统选项

**提示**　当前总账选项的"预算控制"选项卡相关功能暂不可选，需在预算管理系统设置控制规则后才可用。

### 2. 应收款管理系统初始化

**实验资料**

（1）基本科目设置。

基本科目如表 2-20 所示。

应收款管理系统初始设置

表 2-20                                    基本科目

| 基础科目种类 | 科目 | 币种 |
|---|---|---|
| 应收科目 | 1122 应收账款 | 人民币 |
| 预收科目 | 2203 预收账款 | 人民币 |
| 商业承兑科目 | 1121 应收票据 | 人民币 |
| 银行承兑科目 | 1121 应收票据 | 人民币 |
| 现金折扣科目 | 660304 财务费用/现金折扣 | 人民币 |
| 税金科目 | 22210103 应交税费/应交增值税/销项税额 | 人民币 |
| 销售收入科目 | 6001 主营业务收入 | 人民币 |

（2）结算方式科目设置。

结算方式科目如表 2-21 所示。

表 2-21                                 结算方式科目

| 结算方式 | 币种 | 本单位账号 | 科目 |
|---|---|---|---|
| 现金 | 人民币 | 2516695198763161551 | 1001 库存现金 |
| 现金支票 | 人民币 | 2516695198763161551 | 100201 锦州古塔支行 |
| 转账支票 | 人民币 | 2516695198763161551 | 100201 锦州古塔支行 |
| 银行汇票 | 人民币 | 2516695198763161551 | 100201 锦州古塔支行 |
| 电汇 | 人民币 | 2516695198763161551 | 100201 锦州古塔支行 |

**实验过程**

（1）单击"业务导航→业务工作"选项卡中的"财务会计→应收款管理→设置→科目设置→基本科目"菜单，打开"应收基本科目"窗口，单击工具栏中的"增行"按钮，根据表 2-20 设置基本科目，结果如图 2-36 所示。

图 2-36　基本科目设置

（2）单击"业务导航→业务工作"选项卡中的"财务会计→应收款管理→设置→科目设置→结算科目"菜单，打开"应收结算科目"窗口，单击工具栏中的"增行"按钮，根据表 2-21 设置结算方式科目，结果如图 2-37 所示。

图 2-37　结算方式科目设置

### 3. 应付款管理系统初始化

**实验资料**

应付款管理系统初始设置

（1）设置基本科目。

基本科目如表 2-22 所示。

表 2-22　　　　　　　　　　基本科目

| 基础科目种类 | 科目 | 币种 |
| --- | --- | --- |
| 应付科目 | 2202 应付账款 | 人民币 |
| 预付科目 | 1123 预付账款 | 人民币 |
| 采购科目 | 1402 在途物资 | 人民币 |
| 税金科目 | 22210101 应交税费/应交增值税/进项税额 | 人民币 |
| 商业承兑科目 | 2201 应付票据 | 人民币 |
| 银行承兑科目 | 2201 应付票据 | 人民币 |
| 现金折扣科目 | 660304 财务费用/现金折扣 | 人民币 |

（2）设置结算方式科目。

结算方式科目如表 2-23 所示。

表 2-23 结算方式科目

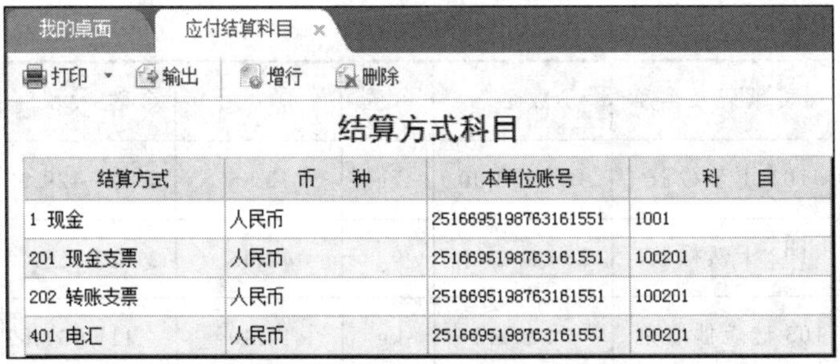

| 结算方式 | 币种 | 本单位账号 | 科目 |
|---|---|---|---|
| 现金 | 人民币 | 2516695198763161551 | 1001 库存现金 |
| 现金支票 | 人民币 | 2516695198763161551 | 100201 锦州古塔支行 |
| 转账支票 | 人民币 | 2516695198763161551 | 100201 锦州古塔支行 |
| 电汇 | 人民币 | 2516695198763161551 | 100201 锦州古塔支行 |

## 实验过程

（1）单击"业务导航→业务工作"选项卡中的"财务会计→应付款管理→设置→科目设置→基本科目"菜单，打开"应付基本科目"窗口，单击工具栏中的"增行"按钮，根据表 2-22 设置基本科目，结果如图 2-38 所示。

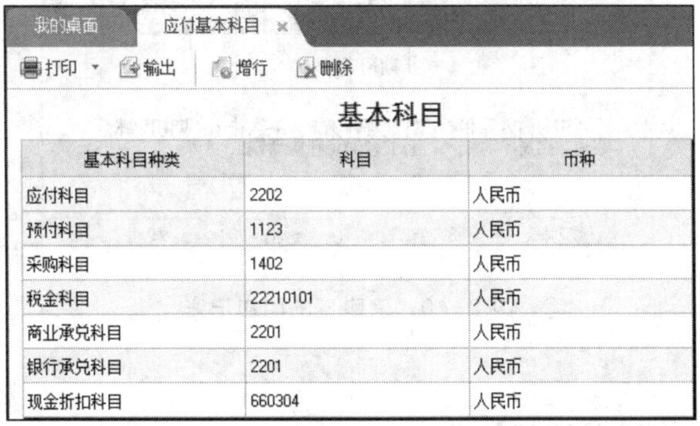

图 2-38 基本科目设置

（2）单击"业务导航→业务工作"选项卡中的"财务会计→应付款管理→设置→科目设置→结算科目"菜单，打开"应付结算科目"窗口，单击工具栏中的"增行"按钮，根据表 2-23 设置结算方式科目，结果如图 2-39 所示。

图 2-39 结算方式科目设置

### 4. 采购管理系统初始化

**实验资料**

对采购管理系统进行期初记账。

采购管理系统初始化

**实验过程**

单击"业务导航→业务工作"选项卡中的"供应链→采购管理→设置→采购期初记账"菜单，打开"期初记账"窗口，如图 2-40 所示。单击"记账"按钮，系统提示"期初记账完毕！"，单击"确定"按钮，单击"退出"按钮，退出"期初记账"窗口。

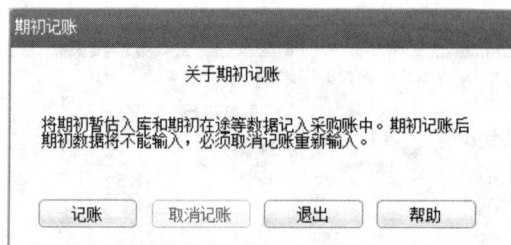

图 2-40　采购系统期初记账

### 5. 库存管理系统初始化

**实验资料**

库存管理系统初始化

根据表 2-24 录入库存管理系统期初数据。

表 2-24　库存商品期初结存

| 仓库名称 | 存货编码及名称 | 数量 | 单位 | 单价（元） | 金额（元） | 存货科目 |
|---|---|---|---|---|---|---|
| 原材料仓 | 101 丁苯橡胶 | 386 952.00 | kg | 10.85 | 4 198 429.20 | |
| | 102 天然橡胶 | 250 832.00 | kg | 12.45 | 3 122 858.40 | |
| | 103 硅烷偶联剂 | 7 827.40 | kg | 14.30 | 111 931.82 | |

| 仓库名称 | 存货编码及名称 | 数量 | 单位 | 单价（元） | 金额（元） | 存货科目 |
|---|---|---|---|---|---|---|
| 原材料仓 | 104 防焦剂 | 2 428.15 | kg | 22.60 | 54 876.19 | |
| | 105 芳烃油 | 3 780.52 | kg | 8.75 | 33 079.55 | |
| | 106 硫化剂 | 6 482.50 | kg | 14.90 | 96 589.25 | |
| | 107 促进剂 | 7 215.00 | kg | 21.75 | 156 926.25 | |
| | 108 软化剂 | 6 015.75 | kg | 4.80 | 28 875.60 | |
| | 109 防老剂 | 3 621.40 | kg | 13.90 | 50 337.46 | |
| | 110 补强剂 | 7 142.20 | kg | 3.85 | 27 497.47 | |
| | 111 脱模剂 | 5 899.12 | kg | 25.50 | 150 427.56 | |
| | 112 热镀锌钢丝 | 3 599.40 | kg | 6.10 | 21 956.34 | |
| | 113 镀铜钢丝 | 2 298.60 | kg | 7.55 | 17 354.43 | |
| | 114 炭黑 | 6 033.20 | kg | 3.65 | 22 021.18 | |
| | 小计 | 700 127.24 | | | 8 093 160.70 | |
| 周转材料仓 | 201 轮胎包装膜 | 8 652.13 | kg | 25.00 | 216 303.25 | |
| | 202 轮胎包装袋 | 383.00 | 个 | 1.30 | 497.90 | |
| | 203 鞋套 | 100.00 | 双 | 14.20 | 1420 | |
| | 204 头套 | 100.00 | 个 | 4.80 | 480 | |
| | 205 手套 | 200.00 | 双 | 10.30 | 2 060 | |
| | 小计 | 9 435.13 | | | 220 761.15 | |
| 产成品仓 | 301 轿车轮胎 | 1 720.00 | 套 | 430.18 | 739 909.60 | |
| | 302 货车轮胎 | 475.00 | 套 | 752.39 | 357 385.25 | |
| | 小计 | 2 195.00 | | | 1 097 294.85 | |
| | 合计 | 711 757.37 | | | 9 411 216.70 | |

## 实验过程

单击"业务导航→业务工作"选项卡中的"供应链→库存管理→初始设置→期初结存"菜单，打开"库存期初数据录入"窗口。在窗口右上角"仓库"处选择"原材料仓"，单击工具栏中的"修改"按钮，根据表 2-24 录入原材料仓的期初库存，录入完毕后单击"保存"按钮，再单击"批审"按钮，结果如图 2-41 所示。

| | 仓库 | 仓库编码 | 存货编码 | 存货名称 | 主计量单位 | 数量 | 单价 | 金额 | 入库类别 | 部门 | 制单人 | 审核人 | 审核日期 |
|---|---|---|---|---|---|---|---|---|---|---|---|---|---|
| 1 | 原材料仓 | 1 | 101 | 丁苯橡胶 | kg | 386952.00 | 10.85 | 4198429.20 | 采购入库 | 采购部 | 李梓楠 | 李梓楠 | 2020-01-01 |
| 2 | 原材料仓 | 1 | 102 | 天然橡胶 | kg | 250832.00 | 12.45 | 3122858.40 | 采购入库 | 采购部 | 李梓楠 | 李梓楠 | 2020-01-01 |
| 3 | 原材料仓 | 1 | 103 | 硅烷偶联剂 | kg | 7827.40 | 14.30 | 111931.82 | 采购入库 | 采购部 | 李梓楠 | 李梓楠 | 2020-01-01 |
| 4 | 原材料仓 | 1 | 104 | 防焦剂 | kg | 2428.15 | 22.60 | 54876.19 | 采购入库 | 采购部 | 李梓楠 | 李梓楠 | 2020-01-01 |
| 5 | 原材料仓 | 1 | 105 | 芳烃油 | kg | 3780.52 | 8.75 | 33079.55 | 采购入库 | 采购部 | 李梓楠 | 李梓楠 | 2020-01-01 |
| 6 | 原材料仓 | 1 | 106 | 硫化剂 | kg | 6482.50 | 14.90 | 96589.25 | 采购入库 | 采购部 | 李梓楠 | 李梓楠 | 2020-01-01 |
| 7 | 原材料仓 | 1 | 107 | 促进剂 | kg | 7215.00 | 21.75 | 156926.25 | 采购入库 | 采购部 | 李梓楠 | 李梓楠 | 2020-01-01 |
| 8 | 原材料仓 | 1 | 108 | 软化剂 | kg | 6015.75 | 4.80 | 28875.60 | 采购入库 | 采购部 | 李梓楠 | 李梓楠 | 2020-01-01 |
| 9 | 原材料仓 | 1 | 109 | 防老剂 | kg | 3621.40 | 13.90 | 50337.46 | 采购入库 | 采购部 | 李梓楠 | 李梓楠 | 2020-01-01 |
| 10 | 原材料仓 | 1 | 110 | 补强剂 | kg | 7142.20 | 3.85 | 27497.47 | 采购入库 | 采购部 | 李梓楠 | 李梓楠 | 2020-01-01 |
| 11 | 原材料仓 | 1 | 111 | 脱模剂 | kg | 5899.12 | 25.50 | 150427.56 | 采购入库 | 采购部 | 李梓楠 | 李梓楠 | 2020-01-01 |
| 12 | 原材料仓 | 1 | 112 | 热镀锌钢丝 | kg | 3599.40 | 6.10 | 21956.34 | 采购入库 | 采购部 | 李梓楠 | 李梓楠 | 2020-01-01 |
| 13 | 原材料仓 | 1 | 113 | 镀铜钢丝 | kg | 2298.60 | 7.55 | 17354.43 | 采购入库 | 采购部 | 李梓楠 | 李梓楠 | 2020-01-01 |
| 14 | 原材料仓 | 1 | 114 | 炭黑 | kg | 6033.20 | 3.65 | 22021.18 | 采购入库 | 采购部 | 李梓楠 | 李梓楠 | 2020-01-01 |

图 2-41　原材料仓期初库存

将"库存期初数据录入"窗口右上角的"仓库"改为"周转材料仓"，单击工具栏中的"修改"按钮，根据表 2-24 录入周转材料仓的期初库存，录入完毕保存并批审。参照上述方法，录入产成品仓的期初结存。

### 6. 存货核算系统初始化

（1）设置科目

## 实验资料

存货核算系统
科目设置

① 存货科目设置。

存货科目如表 2-25 所示。

表 2-25                                        存货科目

| 存货分类 | 存货科目 |
|---|---|
| 01 原材料 | 1403 原材料 |
| 02 周转材料 | 1411 周转材料 |
| 03 库存商品 | 1405 库存商品 |

② 对方科目设置。

对方科目如表 2-26 所示。

表 2-26                                        对方科目

| 收发类别 | 对方科目 |
|---|---|
| 11 采购入库 | 1402 在途物资 |
| 12 产成品入库 | 5001 生成成本 |
| 21 销售出库 | 6401 主营业务成本 |

**实验过程**

① 单击"业务导航→业务工作"选项卡中的"供应链→存货核算→初始设置→科目设置→存货科目"菜单，打开"存货科目"窗口。单击"增行"按钮，根据表 2-25 录入存货科目，录入完毕后单击"保存"按钮，结果如图 2-42 所示。

| 仓库编码 | 仓库名称 | 存货分类编码 | 存货分类名称 | 存货编码 | 存货名称 | 存货科目编码 | 存货科目名称 | 差异科目编码 |
|---|---|---|---|---|---|---|---|---|
| | | 01 | 原材料 | | | 1403 | 原材料 | |
| | | 02 | 周转材料 | | | 1411 | 周转材料 | |
| | | 03 | 库存商品 | | | 1405 | 库存商品 | |

图 2-42　存货科目

② 在存货核算系统中执行"初始设置→科目设置→对方科目"命令，打开"对方科目"窗口。单击"增行"按钮，根据表 2-26 录入对方科目，录入完毕后单击"保存"按钮，结果如图 2-43 所示。

图 2-43 增加对方科目

（2）录入期初余额并记账

录入期初余额并记账

## 实验资料

期初余额与库存管理系统期初结存数据一致，从库存管理系统取数至存货核算系统。

## 实验过程

① 单击"业务导航→业务工作"选项卡中的"供应链→存货核算→设置→期初数据→期初余额"菜单，打开"期初余额"窗口。仓库选择"原材料仓"，单击"取数"按钮，从库存管理系统取期初库存至存货核算系统，结果如图 2-44 所示。

| 存货编码 | 存货名称 | 规格型号 | 计量单位 | 数量 | 单价 | 金额 | 计划单价 | 计划金额 | 存货科目编码 | 存货科目名称 |
|---|---|---|---|---|---|---|---|---|---|---|
| 101 | 丁苯橡胶 | | kg | 386,952.00 | 10.85 | 4,198,429.20 | | | 1403 | 原材料 |
| 102 | 天然橡胶 | | kg | 250,832.00 | 12.45 | 3,122,858.40 | | | 1403 | 原材料 |
| 103 | 硅烷偶联剂 | | kg | 7,827.40 | 14.30 | 111,931.82 | | | 1403 | 原材料 |
| 104 | 防焦剂 | | kg | 2,428.15 | 22.60 | 54,876.19 | | | 1403 | 原材料 |
| 105 | 芳烃油 | | kg | 3,780.52 | 8.75 | 33,079.55 | | | 1403 | 原材料 |
| 106 | 硫化剂 | | kg | 6,482.50 | 14.90 | 96,589.25 | | | 1403 | 原材料 |
| 107 | 促进剂 | | kg | 7,215.00 | 21.75 | 156,926.25 | | | 1403 | 原材料 |
| 108 | 软化剂 | | kg | 6,015.75 | 4.80 | 28,875.60 | | | 1403 | 原材料 |
| 109 | 防老剂 | | kg | 3,621.40 | 13.90 | 50,337.46 | | | 1403 | 原材料 |
| 110 | 补强剂 | | kg | 7,142.20 | 3.85 | 27,497.47 | | | 1403 | 原材料 |
| 111 | 脱模剂 | | kg | 5,899.12 | 25.50 | 150,427.56 | | | 1403 | 原材料 |
| 112 | 热镀锌钢丝 | | kg | 3,599.40 | 6.10 | 21,956.34 | | | 1403 | 原材料 |
| 113 | 镀铜钢丝 | | kg | 2,298.60 | 7.55 | 17,354.43 | | | 1403 | 原材料 |
| 114 | 炭黑 | | kg | 6,033.20 | 3.65 | 22,021.18 | | | 1403 | 原材料 |
| 合计 | | | | 700,127.24 | | 8,093,160.70 | | | | |

图 2-44 原材料仓期初余额

② 按照上述方法依次完成周转材料仓、产成品仓的取数工作。取数完毕后单击工具栏中的"记账"按钮，在系统提示"期初记账成功！"后，单击"确定"按钮。

**7．总账系统初始化**

录入总账系统期初余额

### 实验资料

根据表 2-27 录入总账系统期初余额。

表 2-27　　　　　　　　　　总账系统期初余额

| 科目 | 方向 | 对账系统 | 金额（元） |
|---|---|---|---|
| 库存现金 | 借 | | 3 641.80 |
| 银行存款/工行锦州古塔支行 | 借 | | 57 123 075.02 |
| 原材料 | 借 | 存货核算 | 8 093 160.70 |
| 库存商品 | 借 | 存货核算 | 1 097 294.85 |
| 周转材料 | 借 | 存货核算 | 220 761.15 |
| 固定资产 | 借 | | 21 916 021.35 |
| 累计折旧 | 贷 | | 1 564 039.80 |
| 长期借款 | 贷 | | 20 000 000.00 |
| 实收资本 | 贷 | | 30 000 000.00 |
| 盈余公积 | 贷 | | 2 653 538.08 |
| 利润分配/未分配利润 | 贷 | | 34 236 376.99 |

### 实验过程

单击"业务导航→业务工作"选项卡中的"财务会计→总账→期初→期初余额"菜单，在打开的"期初余额录入"窗口中双击每个末级会计科目的"期初余额"栏，根据表 2-27 手工录入该科目的期初余额。

录入完毕后单击工具栏中的"试算"按钮，打开"期初试算平衡表"窗口，查看试算结果，如图 2-45 所示。单击"确定"按钮，退出"期初余额录入"窗口。

图 2-45　总账系统期初试算结果

## 2.4　预算管理系统设置

登录预算管理系统

**1. 登录预算管理系统**

登录基于 B/S 架构的用友 ERP-U8 V13.0 预算管理模块有两种方式：一种是通过企业应用平台间接登录；另一种是通过企业信息门户直接登录。

（1）间接登录

① 由账套主管李梓楠（A01）登录企业应用平台。单击 Windows "开始"菜单，执行"开始→所有程序→用友 U8+V13.0→企业应用平台"命令，打开"登录"窗口。在该窗口，"操作员"输入"A01"，"账套"选择"[001]（default）辽宁双圆轮胎有限公司"，"操作日期"选择"2020-01-01"。单击"登录"按钮，进入企业应用平台，如图 2-46 所示。

图 2-46　企业应用平台

② 单击"业务导航→业务工作"选项卡中"管理会计→预算管理"菜单下的任意功能，即可进入企业信息门户的预算管理功能界面。

（2）直接登录

① 本案例辽宁双圆的数据库服务器名称为"127.0.0.1"，启动 Internet Explorer 浏览器，在地址栏中输入"http://127.0.0.1/U8SL/"，按回车键即出现登录界面。或者单击 Windows"开始"菜单，执行"开始→所有程序→用友 U8+V13.0→企业信息门户"命令，也可出现登录界面。

② 在登录界面，"操作员"输入"A01"，"账套"选择"[001]（default）辽宁双圆轮胎有限公司"，"操作日期"选择"2020-01-01"。单击"登录"按钮进入企业信息门户，单击"业务导航→管理会计→预算管理"菜单下的任意功能，如图 2-47 所示，即可进行预算管理相关操作。

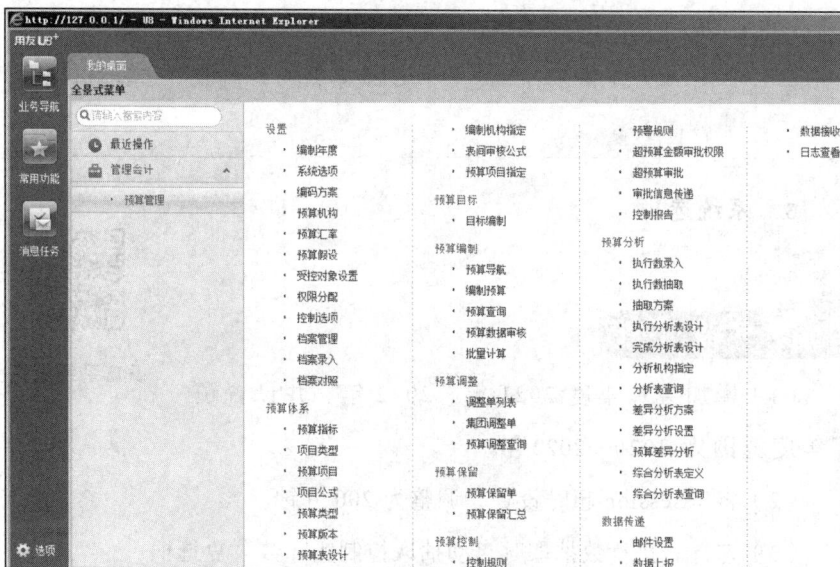

图 2-47　全景式预算管理系统菜单

需要说明的是，除了预算管理模块，ERP-U8 V13.0 的网上报销、合并报表、绩效管理、员工自助、经理自助等模块均须用户登录企业信息门户操作。

**2. 编制年度**

在企业信息门户，依次单击"业务导航→管理会计→预算管理"菜单，再单击"编制年度"功能，打开"编制年度"窗口，如图 2-48 所示。

| 编制年度 | 是否导入上年体系 | 预算档案 | 预算项目 | 预算表 | 项目公式 | 预算数或执行数 | 预算控制 | 预算分析 |
|---|---|---|---|---|---|---|---|---|
| 2020 | 否 | | 否 | 否 | 否 | 否 | 否 | 否 |

图 2-48　编制年度

提示

【编制年度】登录预算账套的日期所在会计年度。

【延用上年体系】将上个编制年度的所有预算体系和数据导入当前编制年度。

【导入上年体系】将上个编制年度已选择的需要导入的内容导入当前编制年度。

【更新上年数据】导入上个编制年度数据后，预算数或实际数发生了变化，需要更新到当前编制年度的情况，或者导入预算体系时，未导入过预算数或执行数，可以通过此功能导入。

### 3. 系统选项

实验资料

设置系统选项

（1）增加会计年度 2021 年、2022 年，并设置预算年度范围为 2020—2022 年。

（2）将"Session 超时设置"调整为 200 分钟。

（3）勾选"执行数抽取时自动抽取控制实际数"复选框。

实验过程

（1）在企业应用平台，单击"业务导航→基础设置"选项卡中的"基本信息→会计期间"菜单，打开"会计期间"窗口，单击"增加"按钮，在弹出的图 2-49 所示的提示框中单击"确定"按钮，增加 2021 年的会计年度。依此方法添加 2022 年的会计年度，结果如图 2-50 所示。

图 2-49 "确认信息"提示框

图 2-50 增加会计年度

（2）在企业信息门户，单击"业务导航→管理会计→预算管理"菜单，再单击"系统选项"窗口的"预算年度"选项卡，此时预算年度范围显示为"2020-2022"，如图 2-51 所示。

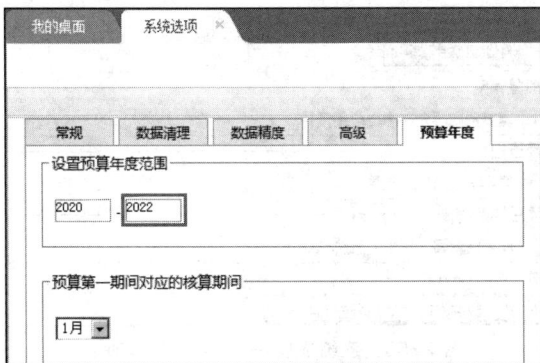

图 2-51 系统选项——"预算年度"选项卡

（3）在"系统选项"窗口，单击"高级"选项卡，在"Session 超时设置"选项区中输入"200"，如图 2-52 所示。超过该时长需重新登录预算管理系统。

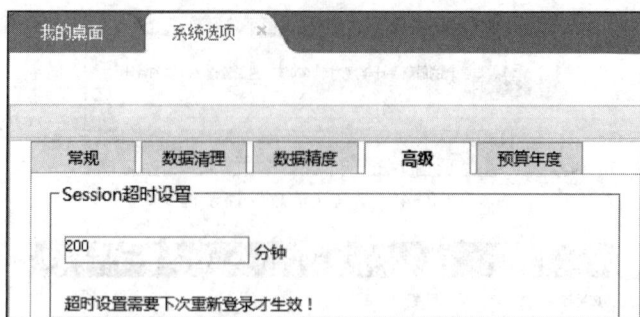

图 2-52　系统选项——"高级"选项卡

（4）在"系统选项"窗口，单击"常规"选项卡，在"执行数"选项区勾选"执行数抽取时自动抽取控制实际数"复选框，如图 2-53 所示。设置完成后关闭当前窗口。

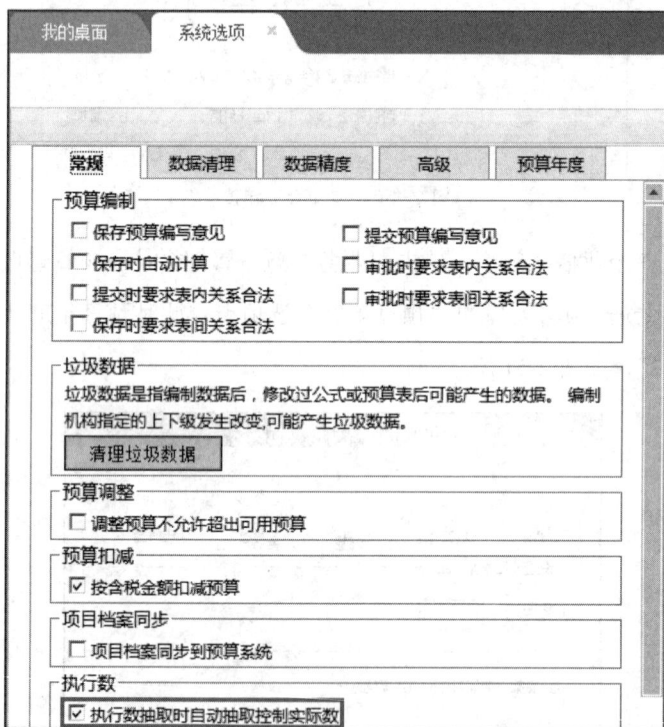

图 2-53　系统选项——"常规"选项卡

!提示　　　如果控制规则的控制口径与编制口径一致，则选择此选项后，可以自动抽取控制实际数作为分析的执行数，不需要设置执行数抽取公式，而且抽取效率高于公式抽取。

### 4. 编码方案

**实验资料**

（1）将"预算项目"的编码规则设置为"42222"。

（2）将"预算机构"的编码规则设置为"122"。

**实验过程**

在企业信息门户，单击"业务导航→管理会计→预算管理"菜单，再单击"编码方案"功能，打开"编码方案"窗口，双击"预算项目"对应的"编码规则"栏，输入"42222"，单击"保存"按钮。同理，将"预算机构"的编码规则设置为"122"，结果如图 2-54 所示。

| 名称 | 编码规则 |
| --- | --- |
| 预算类型 | 3333 |
| 预算假设 | 444 |
| 预算项目 | 42222 |
| 预算项目类型 | 3333 |
| 预算机构 | 122 |

图 2-54　设置编码方案

因为可将会计科目设置为预算项目，所以这里预算项目的编码规则应与建立账套时设置的科目编码级次一致。因为本案例将各部门作为预算机构，所以预算机构编码方案的 2 级、3 级应与建账时，部门编码级次的 1 级、2 级一致。

> **提示**　　使用过的档案可以修改编码方案。如果需要修改，则选中需要修改的编码方案，单击"修改"按钮，然后将原编码方案修改为新编码方案，并匹配档案。
>
> 　　随着档案的增加，编码方案内容会随之增加。

### 5．控制选项

**实验资料**

设置控制选项

（1）增加控制账套为 001 账套。

（2）设置预算占用单据范围：采购管理中的请购单、采购订单；应付款管理中的付款申请单。网上报销模块的都不勾选。

**实验过程**

（1）在企业信息门户，单击"业务导航→管理会计→预算管理"菜单，再单击"控制选项"功能，打开"控制选项"窗口，在"控制账套"选项卡中单击"增加"按钮，在"应用服务器"栏输入"127.0.0.1"，在"数据源"栏选择"（default）@001"，如图 2-55 所示。

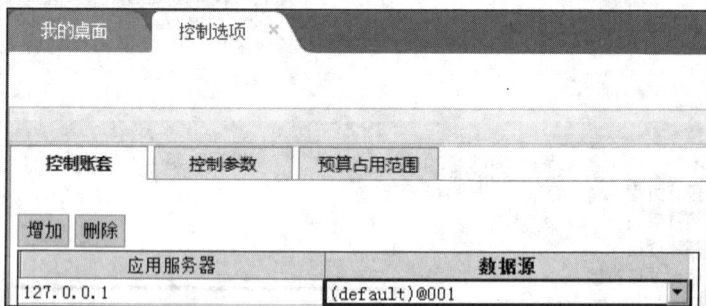

图 2-55　控制选项——"控制账套"选项卡

> 💡 **提示**
>
> 这里的控制账套是指进行预算控制的业务系统账套，"控制选项"功能提供跨账套控制，即允许一个预算账套跨多个账套执行控制。
>
> 【应用服务器】被控账套对应的服务器，手工输入，必填项。
>
> 【数据源】被控账套对应的账套号，手工输入，必填项。

（2）单击"预算占用范围"选项卡，勾选"采购管理"选项区的"请购单""采购订单"，勾选"应付款管理"选项区的"付款申请单"，取消勾选"网上报销"选项区的"费用申请单"复选框。结果如图 2-56 所示，关闭该窗口。

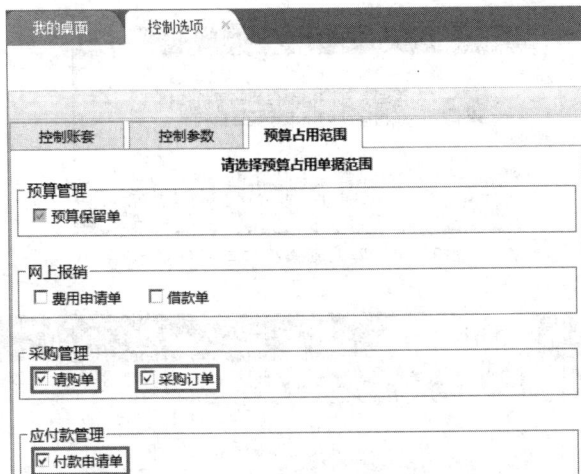

图 2-56　系统选项——"预算占用范围"选项卡

### 6．预算机构

**实验资料**

导入预算机构

导入辽宁双圆的各部门作为预算机构。

**实验过程**

（1）在企业信息门户，单击"业务导航→管理会计→预算管理"菜单，再单击"预算机构"功能，打开"预算机构"窗口，单击"导入"按钮，打开"预算机构导入——网页对话框"，如图 2-57 所示。

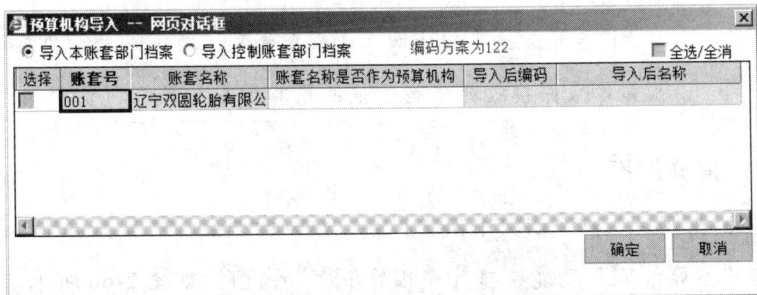

图 2-57　预算机构导入——网页对话框

（2）单击"确定"按钮，弹出图 2-58 所示的提示框，单击"是"按钮，系统提示"导入成功!"，单击"确定"按钮，结果如图 2-59 所示。

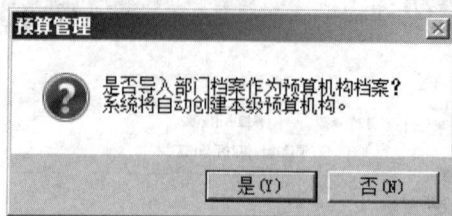

图 2-58　导入预算机构前系统提示

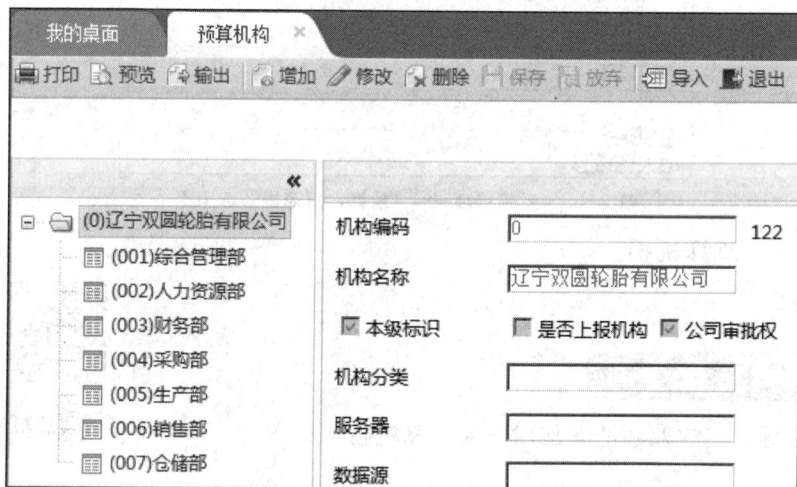

图 2-59　导入预算机构的结果

【预算机构】参与预算管理的机构，可以是参与预算编制的编制机构，也可以是对预算进行汇总的机构或承担预算的责任机构。在单一企业应用模式下，一般以"部门档案"作为预算机构。

【是否上报机构】如果选中此选项，则可以对此机构下发预算体系并接收此机构上报的预算数据和预算调整单。

## 7. 预算汇率

在企业信息门户，依次单击"业务导航→管理会计→预算管理"菜单，再单击"预算汇率"功能，打开"预算汇率"窗口，如图 2-60 所示。

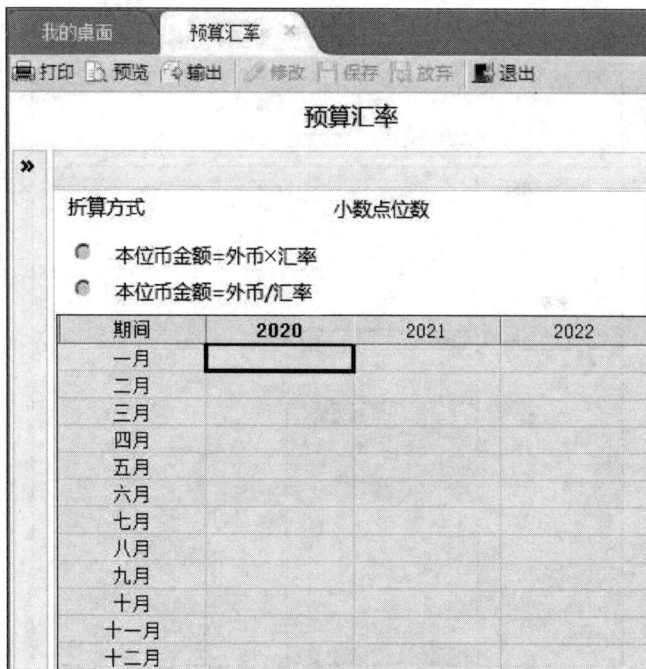

图 2-60 "预算汇率"窗口

预算汇率与企业应用平台中的汇率不同，预算汇率为预算管理系统编制预算使用的汇率，是预先假设的预算编制期的汇率；企业应用平台中的汇率为业务实际汇率。

当用户在预算表设计中选择了汇率指标，编制预算表时，系统将显示在"预算汇率"功能中设置的预算汇率值。预算项目选用了预算汇率公式时，也将以这里设置的预算汇率值为计算依据。

只有在"业务导航→基础设置"选项卡中的"基础档案→财务→外币设置"菜单中设置外币后，才能在这里设置预算汇率。

无论预算是否提交，汇率都允许修改，如果修改汇率，则系统同时修改对应各个项目的汇率指标。但已提交的预算表不再重新计算本位币金额。

**8. 预算假设**

在企业信息门户，依次单击"业务导航→管理会计→预算管理"菜单，再单击"预算汇率假设"功能，打开"预算假设"窗口，如图 2-61所示。

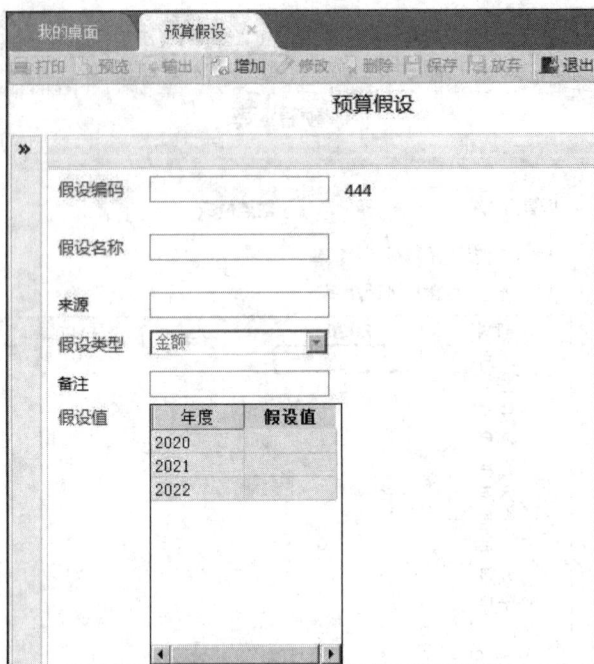

图 2-61 "预算假设"窗口

预算假设是对预算对象所属期间的经济环境进行的合理设定，它可以作为某一张预算表的具体前提。例如，用户要编制销售收入及其回款的预算，可以将回款额占销售收入的比例作为一项预算假设。

预算假设有以下两个基本用途。

（1）用于预算项目公式，将项目对应指标与预算假设对应，引用该项目将直接带入对应指标的假设值。

（2）在设计预算表时，将预算假设插入预算表作为预算表的一个数据栏目。

预算编号及来源不能修改，来源为"下发"的预算假设不能修改或删除。

已被预算表引用的预算假设不可以删除，如果引用预算假设的预算表已提交，则该表中的预算假设值不显示。已经存在下级假设的预算假设也不允许删除。

### 9. 受控对象设置

在企业信息门户，依次单击"业务导航→管理会计→预算管理"菜单，再单击"受控对象设置"功能，打开"受控对象设置"窗口，如图 2-62 所示。

图 2-62　"受控对象设置"窗口

系统提供预算编制（预算调整）环节、预算控制环节的权限设置和控制。

受控对象设置功能用于设置受控对象组合，受控对象包括客户、预算表、存货、预算项目、预算机构、职员、供应商。

### 10．档案管理

**实验资料**

档案管理

（1）增加"供应商""客户"档案。

（2）导入"存货""职员"档案。

**实验过程**

（1）在企业信息门户，单击"业务导航→管理会计→预算管理"菜单，再单击"档案管理"功能，打开"档案管理"窗口，单击"增加"按钮，在"基本属性"选项卡的"档案关键字"文本框中输入"gys"，在"档案名称"文本框中输入"供应商"，单击"保存"按钮，结果如图2-63所示。同理，增加"客户"档案，假定其档案关键字为"kh"。

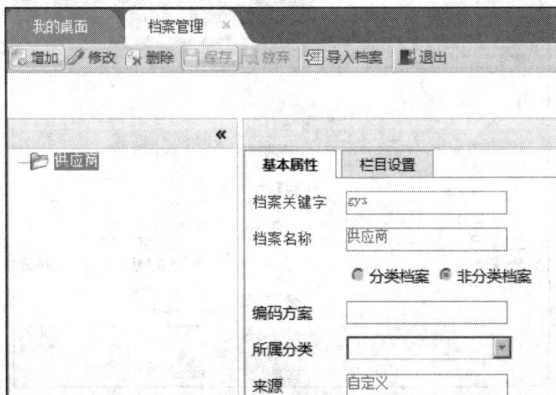

图 2-63　"档案管理"窗口

（2）在"档案管理"窗口，单击"导入档案"按钮，打开"档案导入——网页对话框"，"账套"选择"127.0.0.1—（default）@001"，"档案"选择"存货"，单击"档案内容"选项卡，勾选全部存货档案，如图 2-64 所示。单击"导入"按钮，弹出"导入成功！"提示框，单击"确定"按钮。

图 2-64 档案导入——网页对话框

（3）参照上一步的方法，导入"职员"档案，导入完成后，关闭"档案导入——网页对话框"，结果如图 2-65 所示。

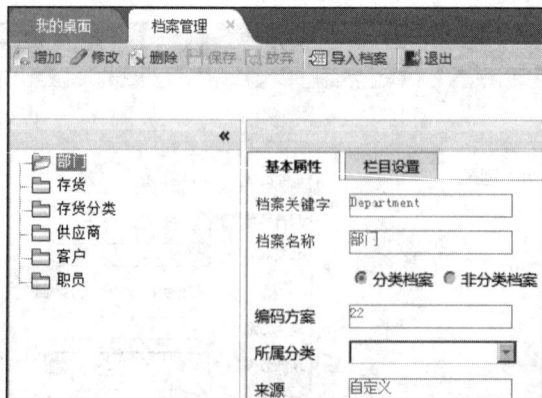

图 2-65 导入档案

这里的"档案"对应预算表中的"预算口径"。

【档案关键字】档案的唯一标识，不能为空，不能重复，只支持数字和字母，必须以字母开头。

提示

用户通过工具栏的"导入档案"功能可将企业应用平台基础档案类型及基础档案作为本系统的档案类型及档案内容。在导入时，可以按照某一字段过滤。

已经被预算表直接或间接引用的分类档案，不允许再被新的档案定义为所属分类。

### 11. 档案录入

实验资料

档案录入

顺序参照表 2-6、表 2-7 录入供应商档案和客户档案。

实验过程

在企业信息门户，单击"业务导航→管理会计→预算管理"菜单，再单击"档案录入"功能，打开"档案录入"窗口，在左侧的"档案"下拉列表中选择"供应商"，单击"增加"按钮，参照表 2-6 录入供应商档案，单击"保存"按钮，结果如图 2-66 所示。同理，参照表 2-7 增加"客户"档案，结果如图 2-67 所示。录入完毕，退出"档案录入"窗口。

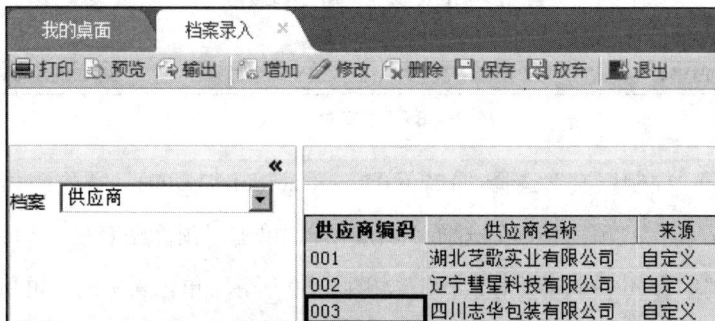

图 2-66 供应商档案录入

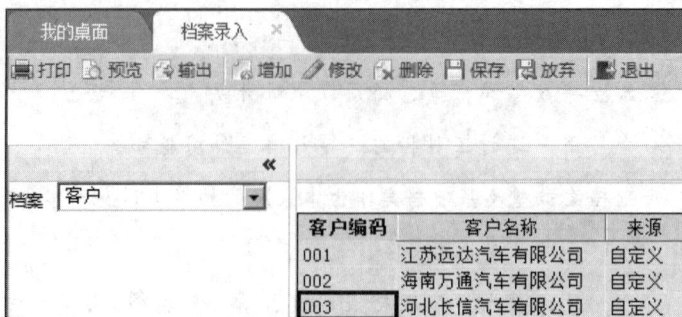

图 2-67　客户档案录入

### 12. 档案对照

实验资料

（1）将控制账套的"供应商"档案与预算档案的"供应商"对照。

（2）将控制账套的"客户"档案与预算档案"客户"对照。

实验过程

（1）在企业信息门户，单击"业务导航→管理会计→预算管理"菜单，再单击"档案对照"功能，打开"档案对照"窗口，如图 2-68 所示。

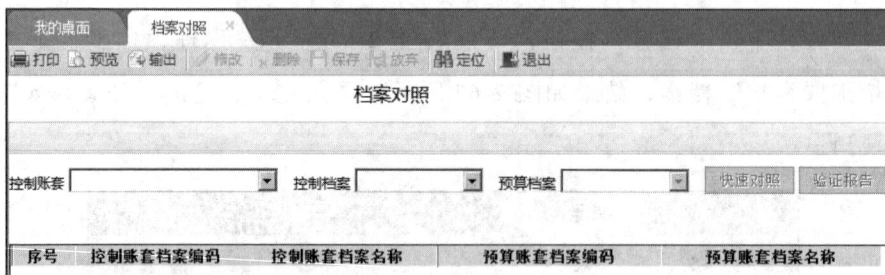

图 2-68　"档案对照"窗口

（2）"控制账套"选择"127.0.0.1—（default）@001"，"控制档案"选择"供应商"，"预算档案"选择"供应商"，单击"预算账套档案编码"栏，弹出"档案参照——网页对话框"，如图 2-69 所示，单击第一行，再单击"确定"按钮，退出"档案参照——网页对话框"。

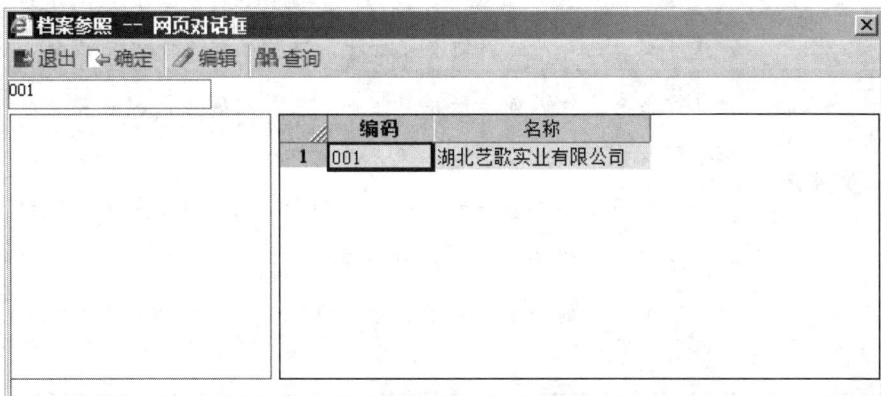

图 2-69　档案参照——网页对话框

（3）继续完成剩余两个供应商档案的对照处理，结果如图 2-70 所示。

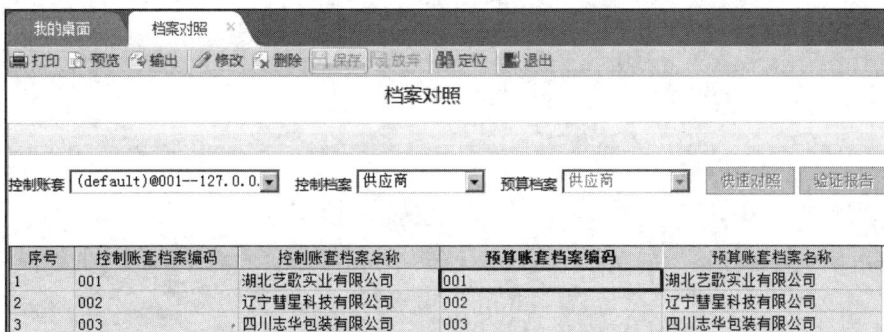

图 2-70　供应商档案对照结果

（4）参照前三步完成客户档案的对照处理，结果如图 2-71 所示。退出当前窗口。

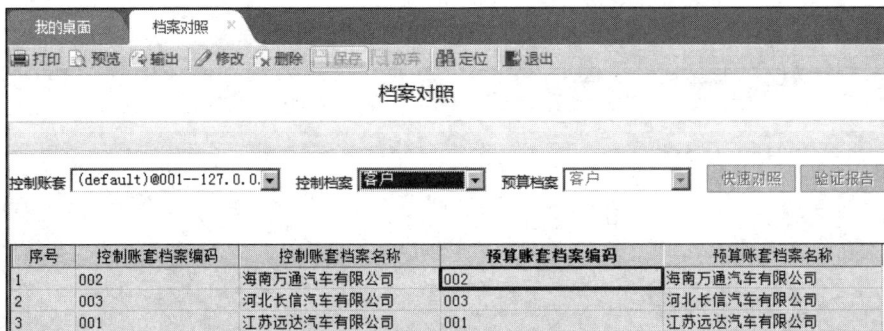

图 2-71　客户档案对照结果

85

档案对照用于建立控制账套档案和预算管理账套档案的对照关系。只有档案对照关系建立，预算管理才可以和控制账套进行信息交流，如总账预算控制、应付款管理、采购管理预算控制及执行数抽取。

系统提供手工对照和快速对照两种对照方式，快速对照的基本流程为：修改→快速对照→保存。

手工录入的档案需对照，在"档案管理"窗口中导入的不需对照。

# 第3章
# 建立预算体系

## 3.1 基础准备

### 1. 预算指标

在企业信息门户，依次单击"业务导航→管理会计→预算管理"菜单，再单击"预算指标"功能，打开"预算指标"窗口，如图 3-1 所示。

| 我的桌面 | 预算指标 ✕ | | | |
| --- | --- | --- | --- | --- |
| 🖨打印 📄预览 📤输出 ➕增加 ✏修改 ❌删除 💾保存 📕退出 | | | | |

**预算指标**

| 编码 | 名称 | 类型 | 来源 |   | 编码 | 名称 | 别名 |
| --- | --- | --- | --- | --- | --- | --- | --- |
| 001 | 金额 | 金额 | 系统 |   | 11111001 | 本期预算期初金额 | 本期预算期初金额 |
| 002 | 数量 | 数量 | 系统 |   | 11211001 | 本期预算发生金额 | 本期预算发生金额 |
| 003 | 外币 | 外币 | 系统 |   | 11311001 | 本期预算累计发生金额 | 本期预算累计发生金额 |
| 004 | 单价 | 价格 | 系统 |   | 11411001 | 本期预算期末金额 | 本期预算期末金额 |
| 005 | 汇率 | 汇率 | 系统 |   | 61211001 | 总预算发生金额 | 总预算发生金额 |
| 006 | 现金流入 | 金额 | 系统 |   | 61311001 | 总预算累计发生金额 | 总预算累计发生金额 |
| 007 | 现金流出 | 金额 | 系统 |   | 12211001 | 本期实际期初金额 | 本期实际期初金额 |
|   |   |   |   |   | 12211001 | 本期实际发生金额 | 本期实际发生金额 |
|   |   |   |   |   | 12311001 | 本期实际累计发生金额 | 本期实际累计发生金额 |
|   |   |   |   |   | 12411001 | 本期实际期末金额 | 本期实际期末金额 |
|   |   |   |   |   | 62211001 | 总实际发生金额 | 总实际发生金额 |
|   |   |   |   |   | 62311001 | 总实际累计发生金额 | 总实际累计发生金额 |

图 3-1 系统预置的预算指标

预算指标是指在编制预算的过程中，用于确定预算数据的某种计量方式。窗口左侧为指标组，右侧为该指标组包含的指标。系统预置的预算指标组包括金额、数量、外币、价格、汇率、现金流入、现金流出等。

预算指标在预算管理中非常重要，但对于初学者，能够直接使用预算管理系统预置的"预算指标"即可。

**2. 项目类型**

实验资料

增加项目类型

增加项目类型"（001）资产采购预算""（002）采购付款预算"。

实验过程

（1）在企业信息门户，单击"业务导航→管理会计→预算管理"菜单，再单击"项目类型"功能，打开"项目类型"窗口，单击"增加"按钮，"类型编码"输入"001"，"类型名称"输入"资产采购预算"，单击"保存"按钮，结果如图 3-2 所示。

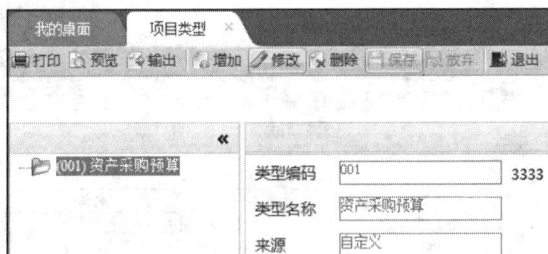

图 3-2 "项目类型"窗口

（2）参照上一步的方法添加"（002）采购付款预算"，结果如图 3-3 所示，关闭当前窗口。

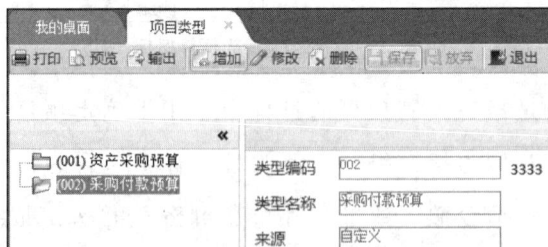

图 3-3 增加后的结果

> 提示　　项目类型是按照某种属性对预算项目进行的分类，"项目类型"功能用于定义预算项目类型。

### 3．预算项目

**实验资料**

设置预算项目

（1）在"资产采购预算"下增加"（1001）材料采购"和"（1002）固定资产采购"两个预算项目，在"采购付款预算"下增加"（2001）采购付款"预算项目。

（2）导入"销售费用""管理费用"总账科目及其明细科目作为预算项目。

**实验过程**

（1）在企业信息门户，单击"业务导航→管理会计→预算管理"菜单，再单击"预算项目"功能，打开"预算项目"窗口，单击"增加"按钮，"项目编码"输入"1001"，"项目名称"输入"材料采购"，"项目类型"选择"（001）资产采购预算"，单击"保存"按钮，结果如图 3-4 所示。

图 3-4 "预算项目"窗口

（2）参照上述方法，在"资产采购预算"下增加预算项目"（1002）固定资产采购"，在"采购付款预算"下增加预算项目"（2001）采购付款"，结果如图 3-5 所示。

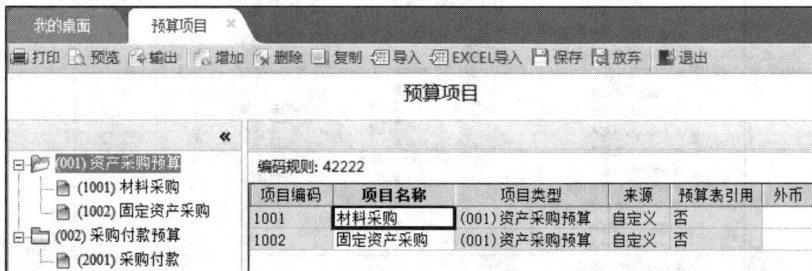

图 3-5 填加后的结果

（3）在"预算管理"窗口，单击"导入"按钮，打开"导入"对话框，账套选择"127.0.0.1—（default）@001"，"导入项目"选择"科目"，单击"损益"选项卡，勾选"销售费用""管理费用"总账科目及其明细科目，如图 3-6 所示。

图 3-6　导入预算项目

（4）单击"确定"按钮，返回"预算项目"窗口，销售费用和管理费用的预算项目导入成功，结果如图 3-7 所示。

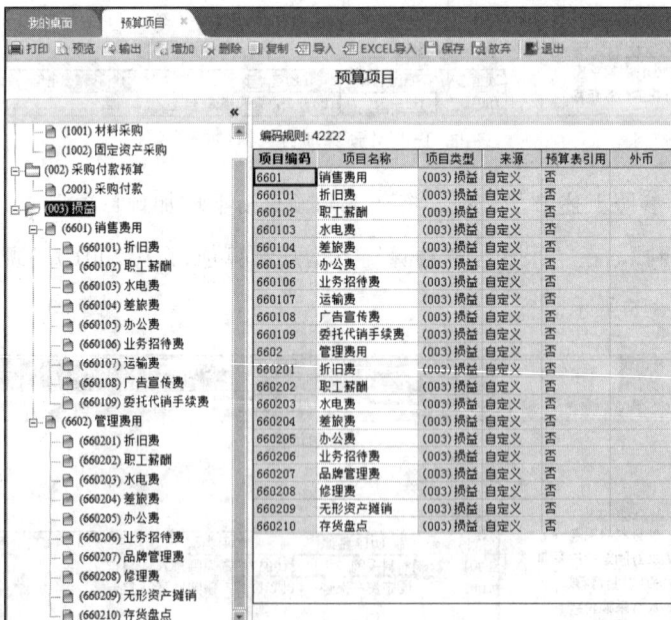

图 3-7　导入预算项目

预算项目是预算管理系统的核心设置,是预算数据的项目维度,它是对预算对象的细分,用来表现预算的具体业务内容。例如,制定销售费用预算时,预算对象为销售费用,可以根据管理需要,将销售费用细分为差旅费、办公费、业务招待费和广告宣传费等,这些细分后的预算对象即为预算项目。

【预算表引用】表示预算项目是否已被预算表引用。如果预算项目已被预算表引用,则该预算项目的"预算表引用"单元格显示"是",此时可通过单击该单元格的"是 ...参照"按钮,查看已引用该预算项目的预算表列表。如果预算项目未被预算表引用,则该预算项目的"预算表引用"单元格显示"否"。

【导入】通过此功能从企业应用平台的基础档案中导入相关档案作为预算项目。

### 4. 项目公式

在企业信息门户,依次单击"业务导航→管理会计→预算管理"菜单,再单击"项目公式"功能,打开"项目公式"窗口,如图 3-8 所示。

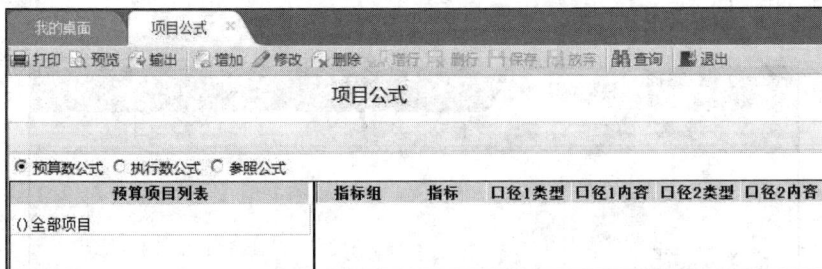

图 3-8 "项目公式"窗口

预算项目公式包括预算数公式、执行数公式和参照公式。

【预算数公式】可以在编制预算时,使预算项目的某一对应指标通过预算业务函数或其他业务系统函数从其他预算项目直接取值。如果预算项目设置了预算数公式,那么在编制预算表时,系统自动按公式提取数据,否则只能手工录入数据。

【执行数公式】预算分析时要比较实际业务数据与预算数据，实际业务数据即执行数，可以通过 UFO 公式直接从其他模块中取得执行数的值。如果预算项目设置了执行数公式，那么在提取执行数时，直接按公式取数，否则执行数抽取时，只能手工录入数据。

【参照公式】使用预算项目的预算数公式和执行数公式作为参照来设置预算项目公式。

**5．预算类型**

设置预算类型

实验资料

设置预算类型："（001）费用预算""（002）资产采购预算"和"（003）采购付款预算"。

实验过程

（1）在企业信息门户，单击"业务导航→管理会计→预算管理"菜单，再单击"预算类型"功能，打开"预算类型"窗口，单击"增加"按钮，"类型编码"输入"001"，"类型名称"输入"费用预算"，单击"保存"按钮，结果如图 3-9 所示。

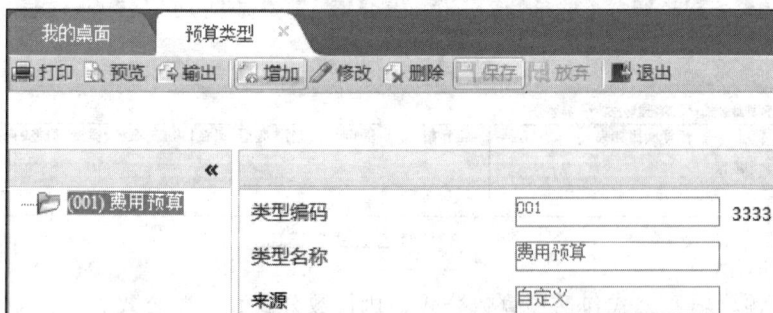

图 3-9　预算类型——费用预算

（2）参照上述方法继续完成剩余预算类型的添加，结果如图 3-10 所示。退出当前窗口。

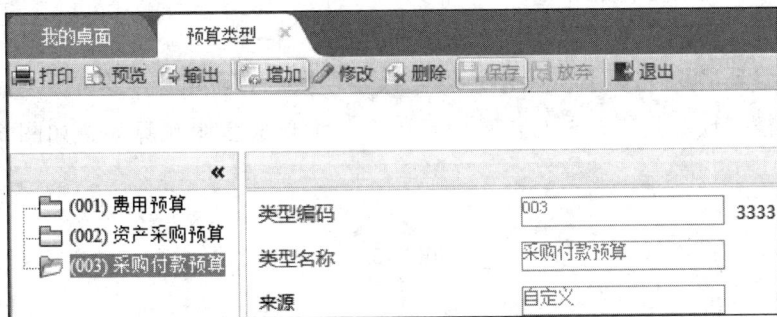

图 3-10　预算类型结果

> 预算类型是对预算表的抽象分类，本例分为费用预算、资产采购预算和采购付款预算 3 种预算类型。一个预算类型可以包含若干张预算表，一张预算表只能属于一个预算类型。系统提供了对预算类型的维护功能。

## 6．预算版本

在企业信息门户，依次单击"业务导航→管理会计→预算管理"菜单，再单击"预算版本"功能，打开"预算版本"窗口，如图 3-11 所示。

图 3-11　系统预置的预算版本

预算版本是进行预算编制的总体前提，赋予所有预算表具体预算数据时，由于预算假设的前提不同，所以可能出现不同版本的预算数据，则每一种前提下形成的预算数据为一个预算版本。

预算版本与预算假设的区别在于：预算版本是对总体经济环境的估计，预算假设是对某一项具体经济内容的假设。同一张预算表可以在不同的预算版本下输入不同的预算数据。

## 3.2 设计预算表

一张预算表由 5 大要素构成：预算机构、预算指标、预算项目、预算口径、预算周期。5 大要素相互组合，可形成多张预算表，如图 3-12 所示。

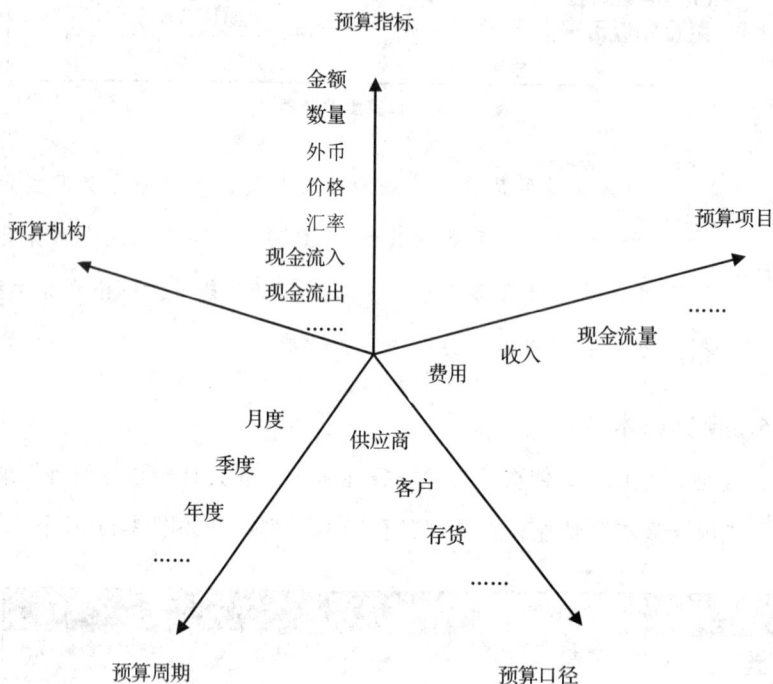

图 3-12 预算表 5 大要素

系统提供两种预算表设计模式：预算表构成要素组合方式+格式设置模式；自由画表模式。本书只介绍第一种模式，在该模式下，设计预算表的基本流程为：增加→格式选项→批审。

### 1. 设计销售费用预算表

实验资料

设计图 3-13 所示的销售费用预算表。

| 项目 | 职员 | 1月 本期预算发生金额 | 1月 本期实际发生金额 | 2月 本期预算发生金额 | 2月 本期实际发生金额 | 3月 本期预算发生金额 | 3月 本期实际发生金额 | 1季度小计 本期预算发生金额 | 1季度小计 本期实际发生金额 |
|---|---|---|---|---|---|---|---|---|---|
| 差旅费 | 纪超岩 | | | | | | | 0.00 | 0.00 |
| | 胡海燕 | | | | | | | 0.00 | 0.00 |
| | 小计 | 0.00 | 0.00 | 0.00 | 0.00 | 0.00 | 0.00 | 0.00 | 0.00 |
| 办公费 | 纪超岩 | | | | | | | 0.00 | 0.00 |
| | 胡海燕 | | | | | | | 0.00 | 0.00 |
| | 小计 | 0.00 | 0.00 | 0.00 | 0.00 | 0.00 | 0.00 | 0.00 | 0.00 |
| 业务招待费 | 纪超岩 | | | | | | | 0.00 | 0.00 |
| | 胡海燕 | | | | | | | 0.00 | 0.00 |
| | 小计 | 0.00 | 0.00 | 0.00 | 0.00 | 0.00 | 0.00 | 0.00 | 0.00 |
| 广告宣传费 | 纪超岩 | | | | | | | 0.00 | 0.00 |
| | 胡海燕 | | | | | | | 0.00 | 0.00 |
| | 小计 | 0.00 | 0.00 | 0.00 | 0.00 | 0.00 | 0.00 | 0.00 | 0.00 |
| 合计 | 纪超岩 | 0.00 | 0.00 | | | | | 0.00 | 0.00 |
| | 胡海燕 | 0.00 | 0.00 | | | | | 0.00 | 0.00 |
| | 小计 | 0.00 | 0.00 | 0.00 | 0.00 | 0.00 | 0.00 | 0.00 | 0.00 |

销售费用预算表　金额单位:元　编制机构:　编制人:　提交人:　审批人:

图 3-13　销售费用预算表

**实验过程**

（1）增加预算表

① 在企业信息门户，单击"业务导航→管理会计→预算管理"菜单，再单击"预算表设计"功能，打开"预算表格式"网页对话框。单击"增加"按钮，打开"预算表设计——网页对话框"，"编号"输入"xsfyysb"，"名称"输入"销售费用预算表"。在"预算项目"选项卡中勾选"（660104）差旅费""（660105）办公费""（660106）业务招待费"和"（660108）广告宣传费"4个预算项目，再勾选"仅显示选中项目"复选框，结果如图3-14所示。

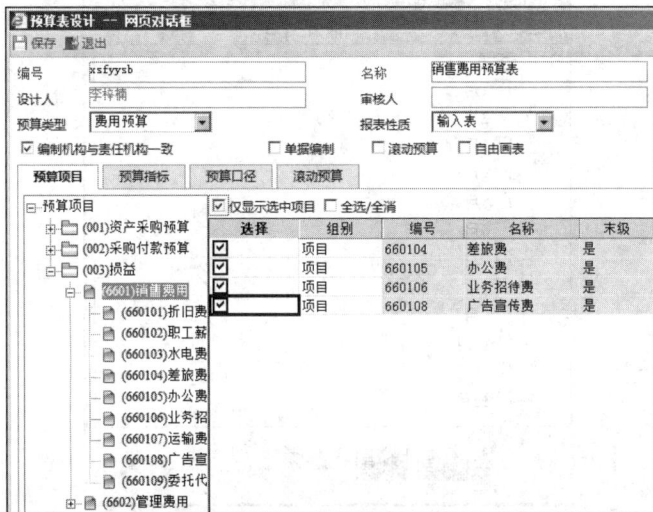

图 3-14　预算表设计——"预算项目"选项卡

② 单击"预算表设计——网页对话框"的"预算指标"选项卡，勾选"是否录入点""所有项目"，单击"11211001 本期预算发生金额"预算指标，单击 〉 按钮，将该指标移入右侧，同理将"12211001 本期实际发生金额"预算指标移入右侧，结果如图 3-15 所示。

图 3-15 预算表设计——"预算指标"选项卡

③ 单击窗口右侧"周期"列的任意单元格，弹出"周期选择——网页对话框"，勾选"1 月""2 月"和"3 月"，如图 3-16 所示。单击"确定"按钮，返回"预算表设计——网页对话框"。

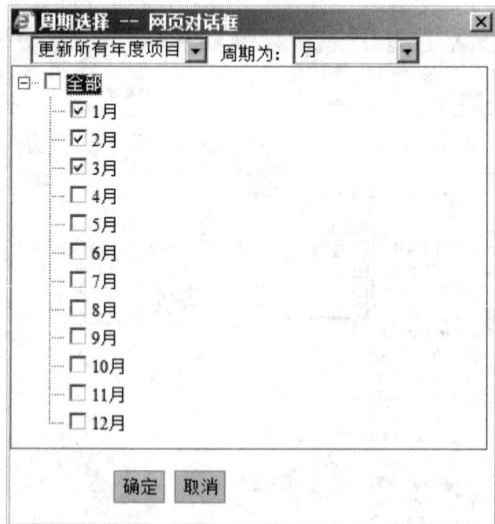

图 3-16 周期选择——网页对话框

④ 单击"预算表设计——网页对话框"的"预算口径"选项卡,单击"备选口径"的"职员",单击"选"按钮,再单击"选择"按钮,弹出"档案参照——网页对话框",选中销售部的"纪超岩"和"胡海燕",如图 3-17 所示。

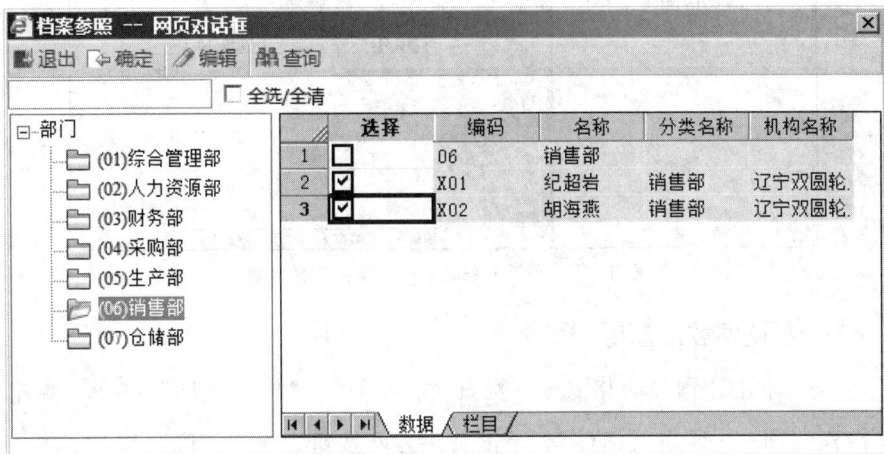

图 3-17　档案参照——网页对话框

⑤ 单击"确定"按钮,返回"预算表设计——网页对话框",结果如图 3-18 所示。

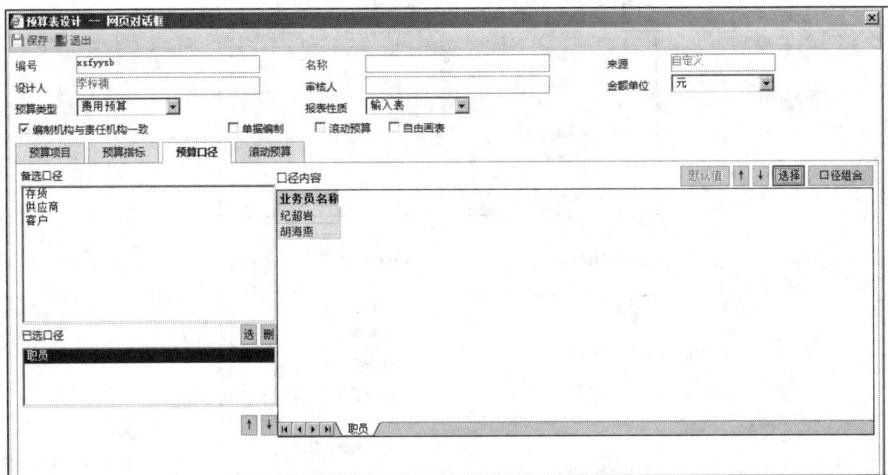

图 3-18　预算表设计——"预算口径"选项卡

⑥ 单击"保存"按钮,弹出"保存成功!"提示框,单击"确定"按钮,返回"预算表格式——网页对话框",结果如图 3-19 所示。

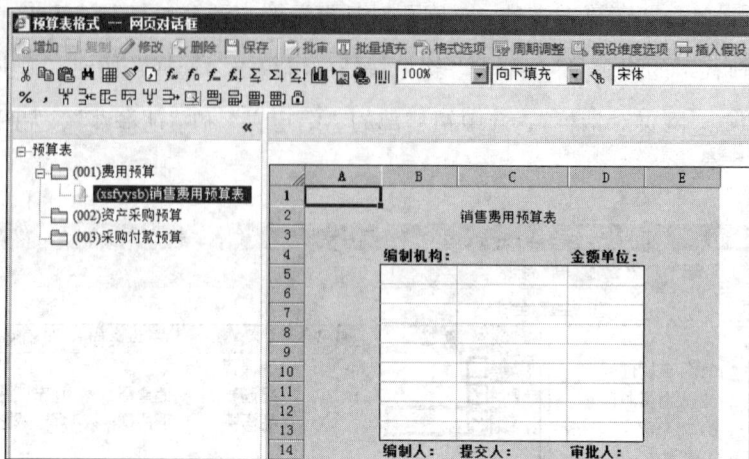

图 3-19 预算表设计——销售费用预算表

（2）设置格式选项

① 单击"预算表格式——网页对话框"的"格式选项"按钮，弹出"格式选项——网页对话框"。单击箭头方向按钮，将"年度"移至"表头项"，将"周期""指标"移至"预算表列标题"，将"项目""职员"移至"预算表行标题"，勾选"季度小计"，结果如图 3-20 所示。

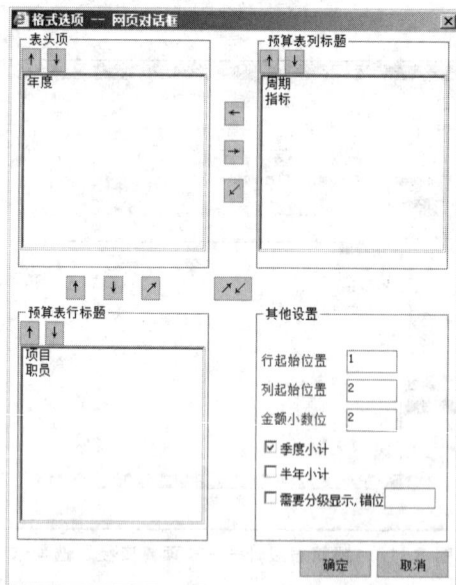

图 3-20 "格式选——网页对话框"

② 单击"确定"按钮，返回"预算表格式——网页对话框"，单击"保

存"按钮,弹出"保存成功!"提示框,单击"确定"按钮,结果如图 3-21
所示。

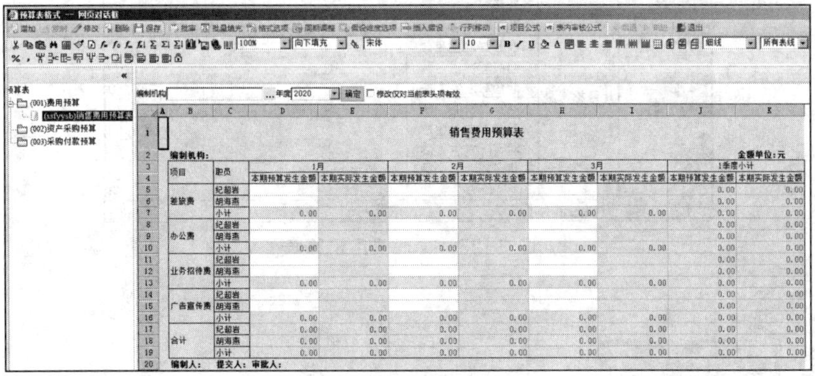

图 3-21　销售费用预算表

（3）批审预算表

单击"预算表格式——网页对话框"的"批审"按钮,弹出"批审——
网页对话框",单击"销售费用预算表"的"选择"栏,再单击"审核"按
钮,弹出"审核成功!"提示框,单击"确定"按钮,结果如图 3-22 所示。
单击"退出"按钮,退出"批审——网页对话框"。

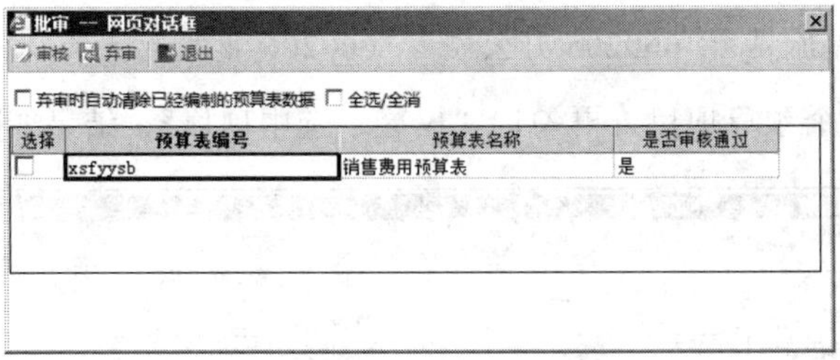

图 3-22　预算表批审

> 💡 提示　　预算年度与数据年度不一致:设计预算表时,将"年度"放在表体。一般将预算口径放在"预算表行标题"。

**2. 设计管理费用预算表**

实验资料

设计图 3-23 所示的管理费用预算表。

图 3-23　管理费用预算表

**实验过程**

（1）增加预算表

① 在企业信息门户，单击"业务导航→管理会计→预算管理"菜单，再单击"预算表设计"功能，打开"预算表格式——网页对话框"。单击"增加"按钮，打开"预算表设计——网页对话框"，"编号"输入"glfyysb"，"名称"输入"管理费用预算表"。在"预算项目"选项卡中勾选"660204 差旅费""660205 办公费""660206 业务招待费"和"660207 品牌管理费"4 个预算项目，再勾选"仅显示选中项目"，结果如图 3-24 所示。

设计管理费用预算表

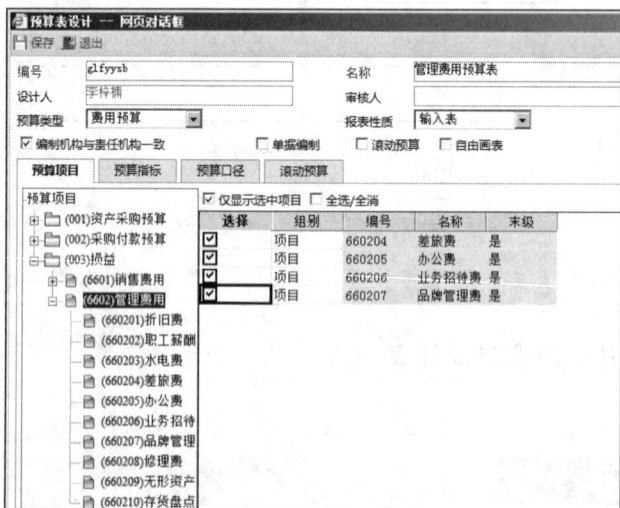

图 3-24　预算表设计——"预算项目"选项卡

② 单击"预算表设计——网页对话框"的"预算指标"选项卡，勾选
"是否录入点""所有项目"，单击"11211001 本期预算发生金额"预算指标，
单击 > 按钮，将该指标移入右侧，同理，将"12211001 本期实际发生金额"
预算指标移入右侧，结果如图 3-25 所示。

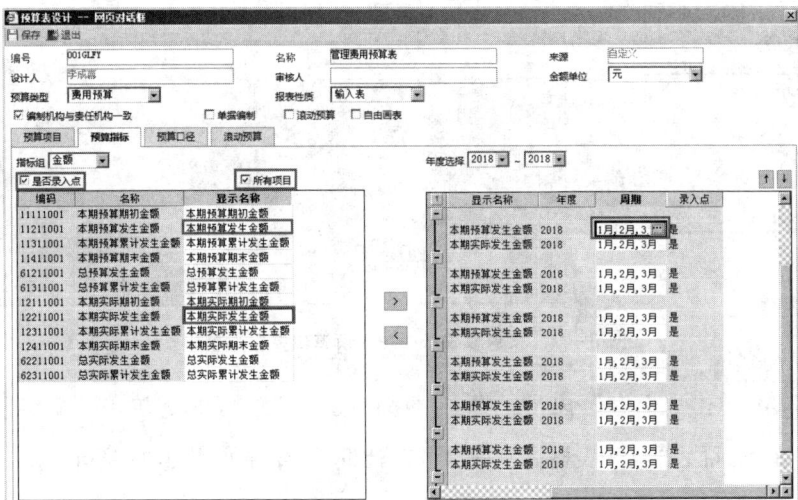

图 3-25 预算表设计——"预算指标"选项卡

③ 单击窗口右侧"周期"列的任意单元格，弹出"周期选择——网页对
话框"，勾选"1 月""2 月"和"3 月"，如图 3-26 所示。单击"确定"按钮，
返回"预算表设计——网页对话框"。

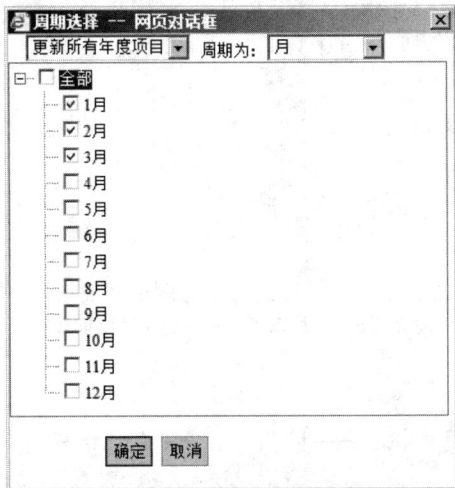

图 3-26 周期选择——网页对话框

④ 单击"预算表设计——网页对话框"的"预算口径"选项卡，本预算表的预算口径暂不设置，系统将编制机构作为预算口径，如图 3-27 所示。

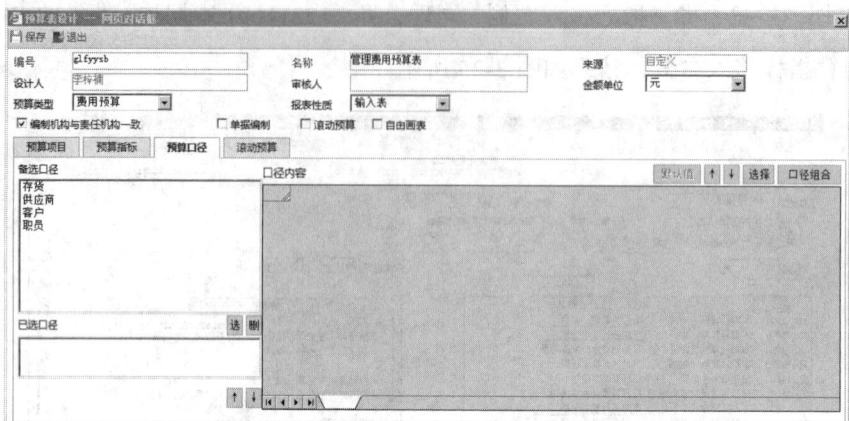

图 3-27　预算表设计——"预算口径"选项卡

⑤ 单击"保存"按钮，弹出"保存成功！"提示框，单击"确定"按钮，系统返回"预算表格式——网页对话框"，结果如图 3-28 所示。

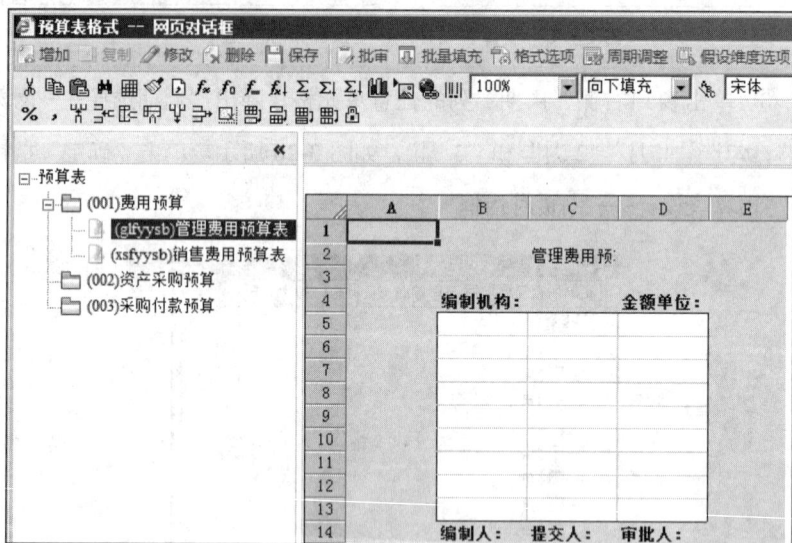

图 3-28　预算表设计——管理费用预算表

（2）设置格式选项

① 单击"预算表格式——网页对话框"的"格式选项"按钮，弹出"格式选项——网页对话框"。通过箭头方向按钮，将"年度"移至"表头项"，将"周期"移至"预算表列标题"，将"项目""指标"移至"预算表行标

题"，勾选"季度小计"，结果如图 3-29 所示。

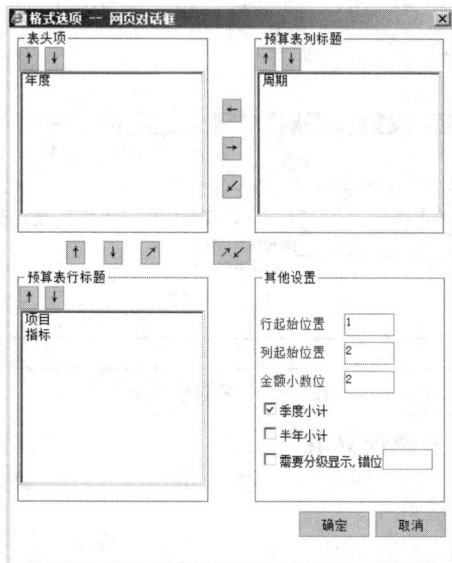

图 3-29　设置格式选项

② 单击"确定"按钮，返回"预算表格式——网页对话框"，单击"保存"按钮，弹出"保存成功！"提示框，单击"确定"按钮，结果如图 3-30 所示。

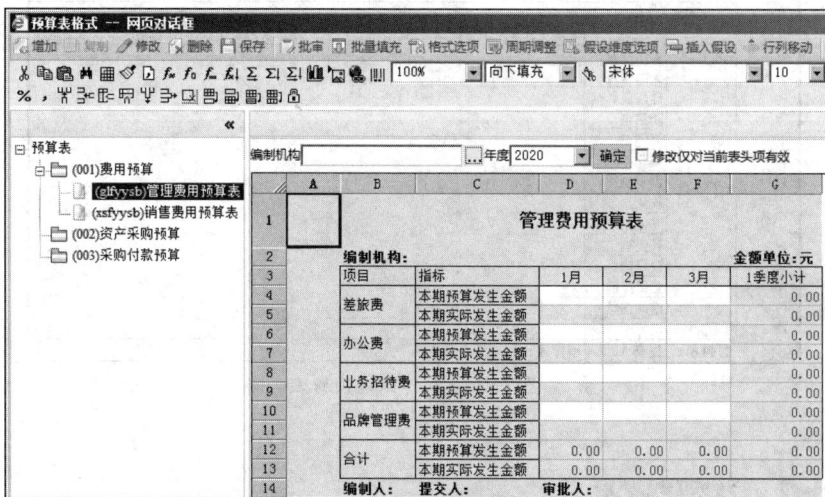

图 3-30　管理费用预算表

（3）批审预算表

单击"预算表格式——网页对话框"的"批审"按钮，弹出"批审——

网页对话框"，单击"管理费用预算表"的"选择"复选框，再单击"审核"按钮，系统弹出"审核成功！"提示框，单击"确定"按钮，结果如图 3-31 所示。

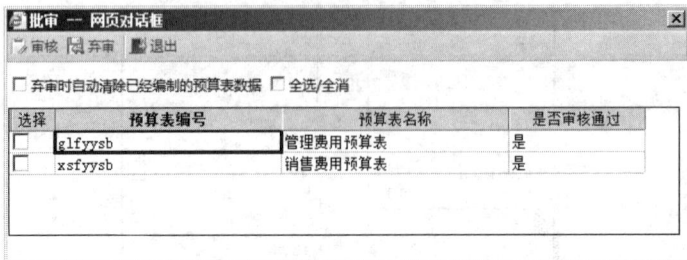

图 3-31 预算表批审

### 3. 设计材料采购预算表

![实验资料]

设计图 3-32 所示的材料采购预算表。

设计材料采购预算表

图 3-32 材料采购预算表

![实验过程]

（1）增加预算表

① 在企业信息门户，单击"业务导航→管理会计→预算管理"菜单，

再单击"预算表设计"功能，打开"预算表格式——网页对话框"。单击"增加"按钮，打开"预算表设计——网页对话框"，"编号"输入"clcgysb"，"名称"输入"材料采购预算表"，"预算类型"选择"资产采购预算"。在"预算项目"选项卡中勾选预算项目"（1001）材料采购"，结果如图 3-33所示。

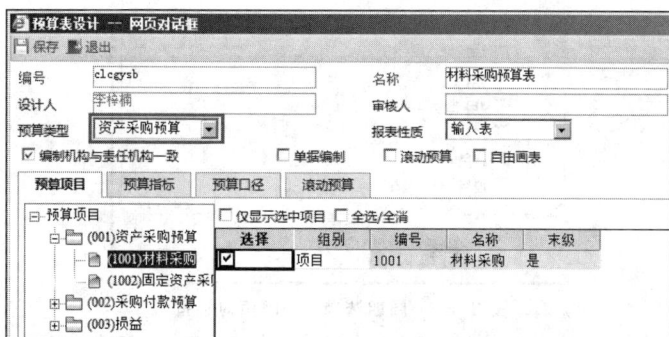

图 3-33　预算表设计——"预算项目"选项卡

② 单击"预算表设计——网页对话框"的"预算指标"选项卡，勾选"是否录入点""所有项目"，单击"11211001 本期预算发生金额"预算指标，单击 > 按钮，将该指标移入右侧，同理，将"11311001 本期预算累计发生金额""12211001 本期实际发生金额"和"12311001 本期实际累计发生金额"等 3 个预算指标移入右侧，结果如图 3-34 所示。

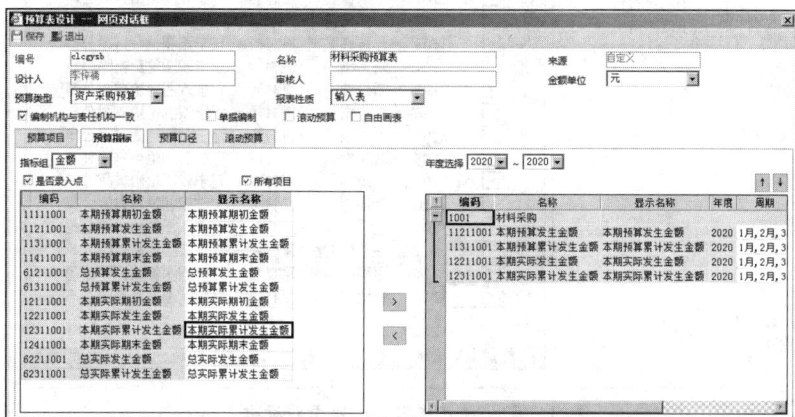

图 3-34　预算表设计——"预算指标"选项卡

③ 单击窗口右侧"周期"列的任意单元格，弹出"周期选择——网页对话框"，勾选"1 月"，如图 3-35 所示。单击"确定"按钮，返回"预算

表设计——网页对话框"。

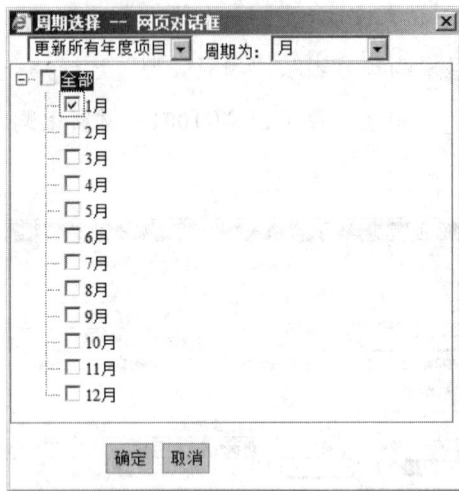

图 3-35　周期选择——网页对话框

④ 单击"预算表设计——网页对话框"的"预算口径"选项卡，单击"备选口径"的"存货"，单击"选"按钮，再单击"选择"按钮，弹出"档案参照——网页对话框"，选中原材料的全部明细，如图 3-36 所示。

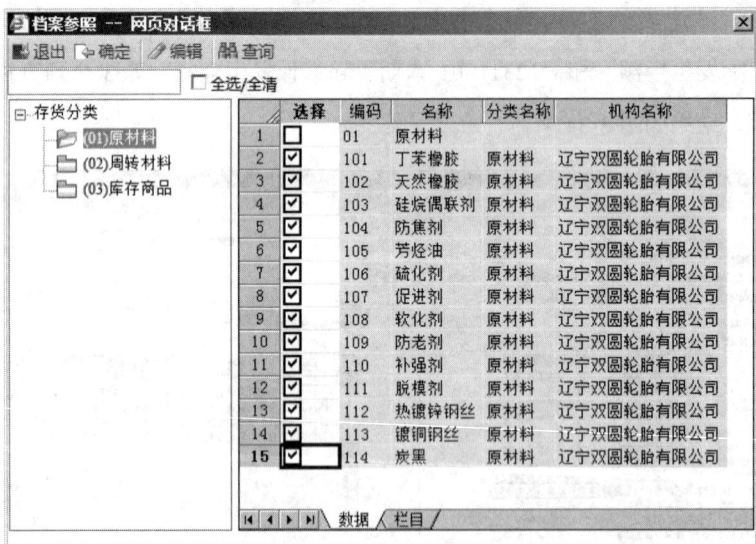

图 3-36　"档案参照——网页对话框"

⑤ 单击"确定"按钮，返回"预算表设计——网页对话框"，结果如图 3-37 所示。

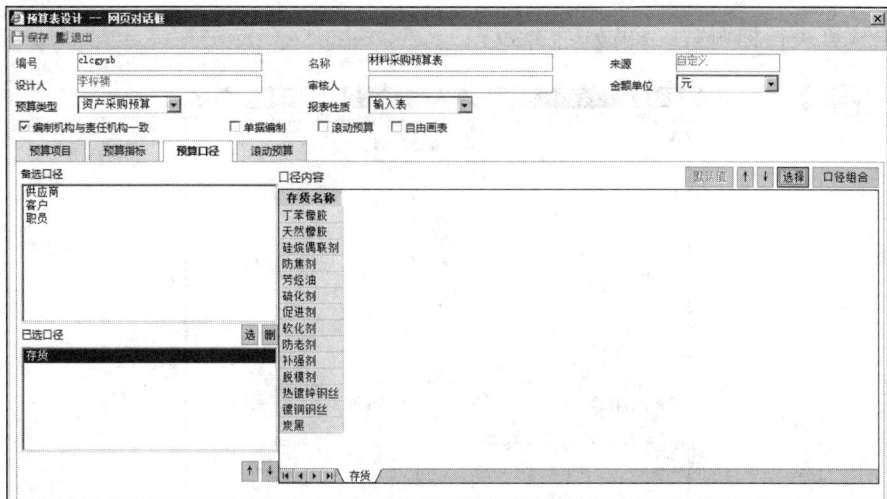

图 3-37 预算表设计——"预算口径"选项卡

⑥ 单击"保存"按钮，弹出"保存成功！"提示框，单击"确定"按钮，返回"预算表格式——网页对话框"，结果如图 3-38 所示。

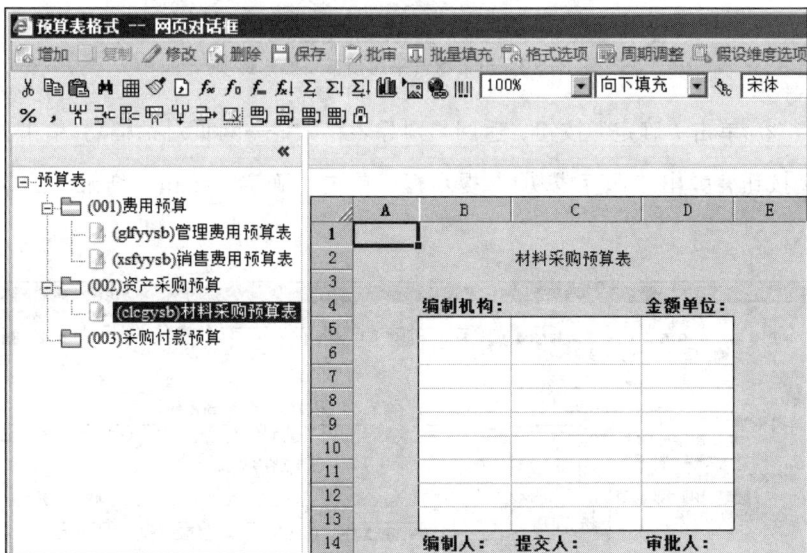

图 3-38 预算表设计——材料采购预算表

（2）设置格式选项

① 单击"预算表格式——网页对话框"的"格式选项"按钮，弹出"格式选项——网页对话框"。通过箭头方向按钮，将"年度"移至"表头项"，将"周期""指标"移至"预算表列标题"，将"项目""存货"移至

"预算表行标题"，结果如图 3-39 所示。

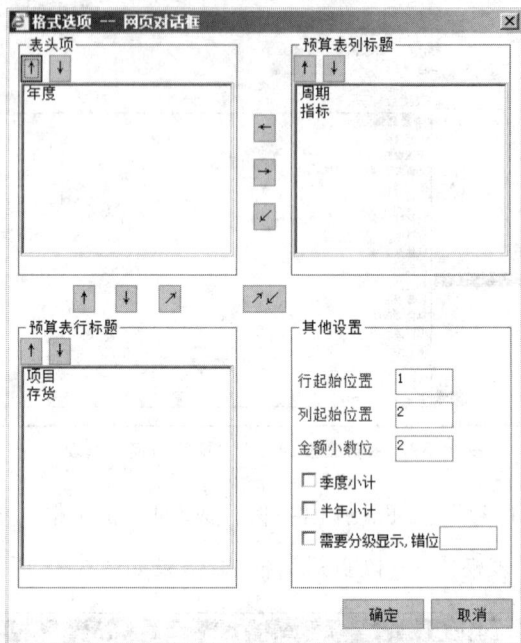

图 3-39　设置材料采购预算表格式选项

② 单击"确定"按钮，返回"预算表格式——网页对话框"，单击"保存"按钮，弹出"保存成功！"提示框，单击"确定"按钮，结果如图 3-40 所示。

图 3-40　材料采购预算表

（3）批审预算表

单击"预算表格式——网页对话框"的"批审"按钮，弹出"批审——网页对话框"，单击"材料采购预算表"的"选择"复选框，再单击"审核"按钮，弹出"审核成功!"提示框，单击"确定"按钮，结果如图 3-41 所示。

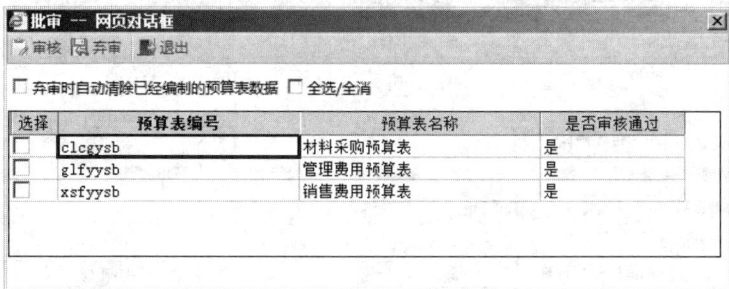

| 选择 | 预算表编号 | 预算表名称 | 是否审核通过 |
|---|---|---|---|
| □ | clcgysb | 材料采购预算表 | 是 |
| □ | glfyysb | 管理费用预算表 | 是 |
| □ | xsfyysb | 销售费用预算表 | 是 |

图 3-41　预算表批审

**4. 设计采购付款预算表**

**实验资料**

设计图 3-42 所示的采购付款预算表。

设计采购付款预算表

图 3-42　采购付款预算表

**实验过程**

（1）增加预算表

① 在企业信息门户，单击"业务导航→管理会计→预算管理"菜单，再单击"预算表设计"功能，打开"预算表格式——网页对话框"。单击"增

加"按钮，打开"预算表设计——网页对话框"，"编号"输入"cgfkysb"，"名称"输入"采购付款预算表"，"预算类型"选择"采购付款预算"。在"预算项目"选项卡中勾选预算项目"（2001）采购付款"，结果如图 3-43 所示。

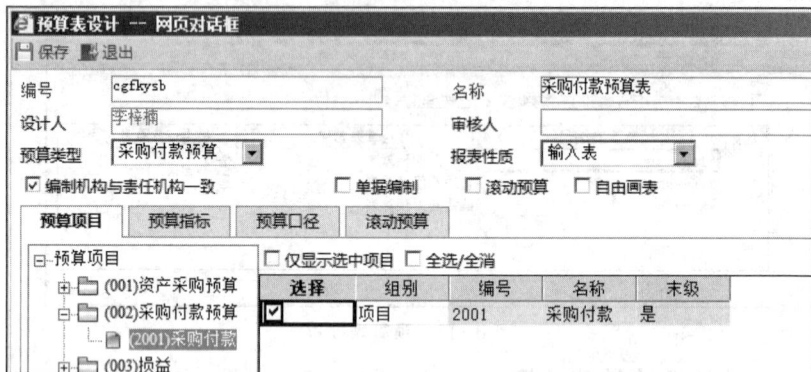

图 3-43 预算表设计——"预算项目"选项卡

② 单击"预算表设计——网页对话框"的"预算指标"选项卡，勾选"是否录入点""所有项目"，单击"11211001 本期预算发生金额"预算指标，单击 ＞ 按钮，将该指标移入右侧，同理，将"12211001 本期实际发生金额"预算指标移入右侧，结果如图 3-44 所示。

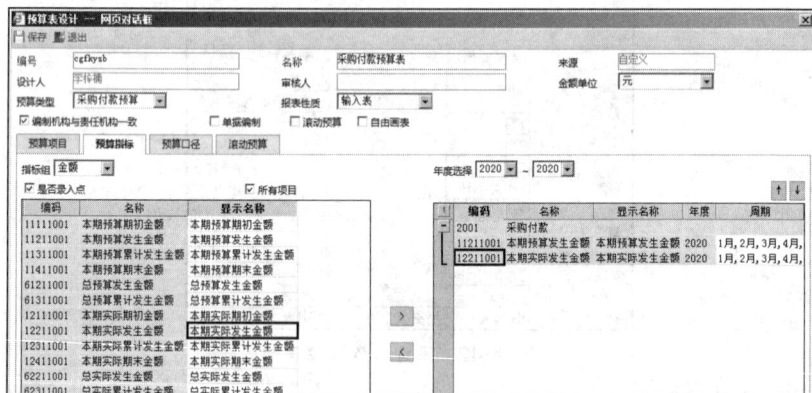

图 3-44 预算表设计——"预算指标"选项卡

③ 单击窗口右侧"周期"列的任意单元格，弹出"周期选择——网页对话框"，勾选"1—6 月"，如图 3-45 所示。单击"确定"按钮，返回"预算表设计——网页对话框"。

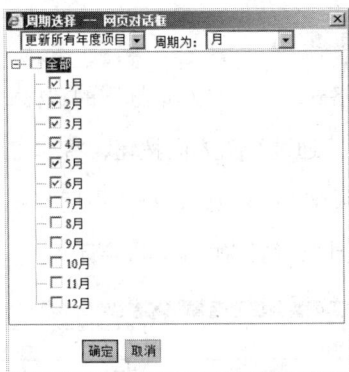

图 3-45　周期选择——网页对话框

④　单击"预算表设计——网页对话框"的"预算口径"选项卡，本预算表的预算口径暂不设置，系统将编制机构作为预算口径，如图 3-46 所示。

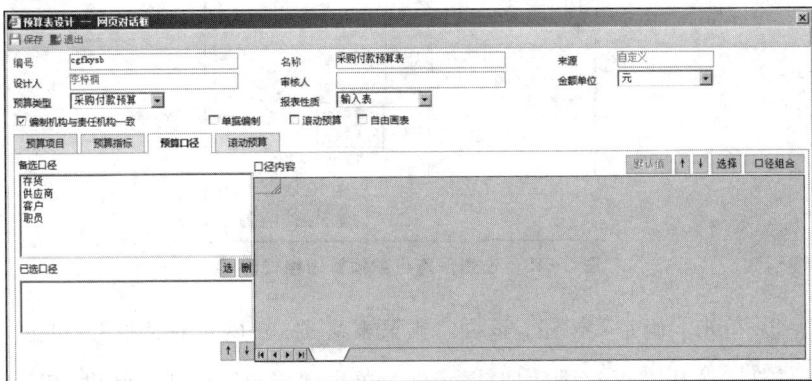

图 3-46　预算表设计——"预算口径"选项卡

⑤　单击"保存"按钮，弹出"保存成功！"提示框，单击"确定"按钮，返回"预算表格式——网页对话框"，结果如图 3-47 所示。

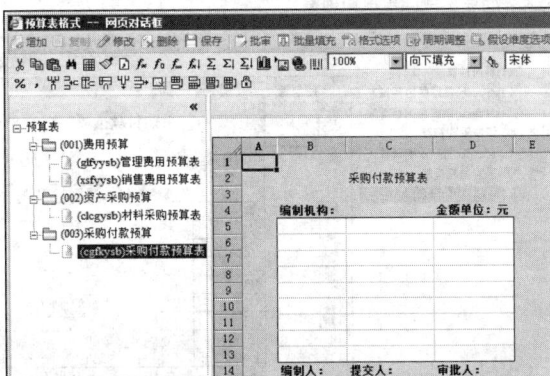

图 3-47　预算表设计——采购付款预算表

（2）设置格式选项

① 单击"预算表格式——网页对话框"的"格式选项"按钮，弹出"格式选项——网页对话框"。通过箭头方向按钮，将"年度"移至"表头项"，将"项目""指标"移至"预算表列标题"，将"周期"移至"预算表行标题"，勾选"季度小计""半年小计"，结果如图 3-48 所示。

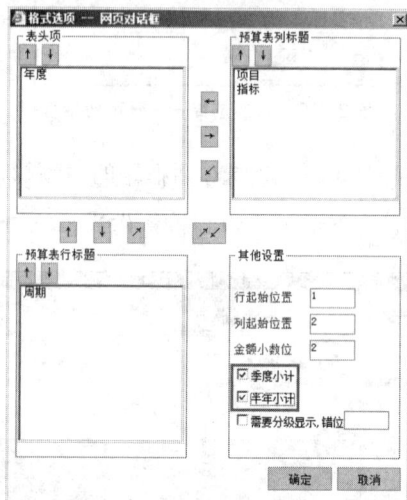

图 3-48　设置采购付款预算表格式选项

② 单击"确定"按钮，返回"预算表格式——网页对话框"。单击"保存"按钮，弹出"保存成功！"提示框，单击"确定"按钮，结果如图 3-49 所示。

图 3-49　采购付款预算表

（3）批审预算表

单击"预算表格式——网页对话框"的"批审"按钮，弹出"批审——网页对话框"，单击"采购付款预算表"的"选择"栏，再单击"审核"按钮，弹出"审核成功！"提示框，单击"确定"按钮，结果如图3-50所示。

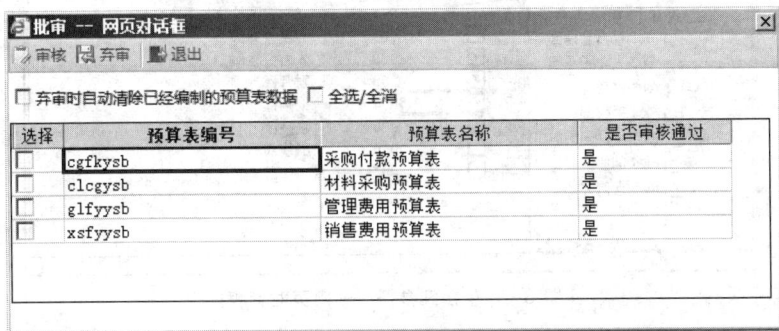

图 3-50　预算表批审

# 3.3　相关指定

## 1．编制机构指定

编制机构指定

### 实验资料

（1）指定管理费用预算表的编制机构为综合管理部、人力资源部、财务部和采购部。

（2）指定销售费用预算表的编制机构为销售部。

（3）指定材料采购预算表的编制机构为采购部。

（4）指定采购付款预算表的编制机构为采购部。

### 实验过程

（1）在企业信息门户，单击"业务导航→管理会计→预算管理"菜单，再单击"编制机构指定"功能，打开"编制机构指定"窗口。单击窗口左侧的"管理费用预算表"，单击"增加编制指定"按钮，打开"编制指定——

网页对话框"，单击"机构"栏右侧的▦按钮，弹出"档案参照——网页对话框"，选中综合管理部、人力资源部、财务部和采购部，如图 3-51 所示。

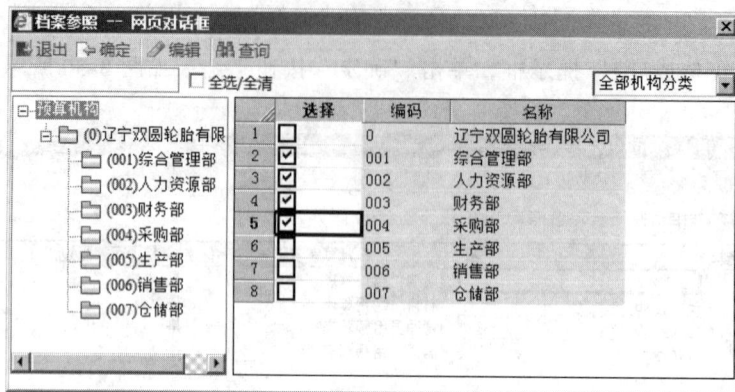

图 3-51 档案参照——网页对话框

（2）单击"确定"按钮，单击"年度"栏右侧的▦按钮，弹出"档案参照——网页对话框"，选中"2020 年"，如图 3-52 所示。

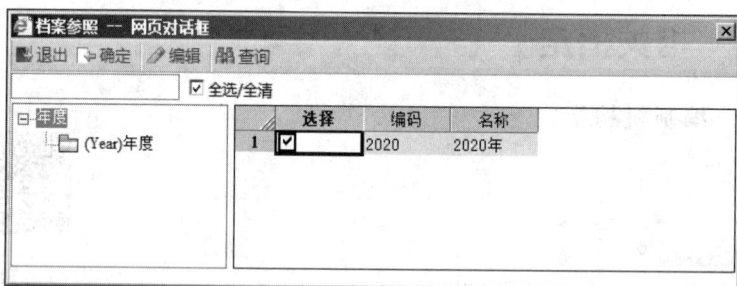

图 3-52 选择年份

（3）单击"确定"按钮，返回"编制指定——网页对话框"，结果如图 3-53 所示。

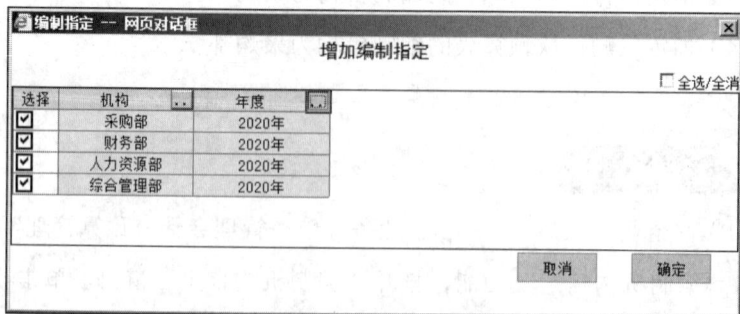

图 3-53 增加编制指定

（4）单击"确定"按钮，返回"编制机构指定"窗口，系统弹出"保存成功！"提示框，单击"确定"按钮，结果如图 3-54 所示。

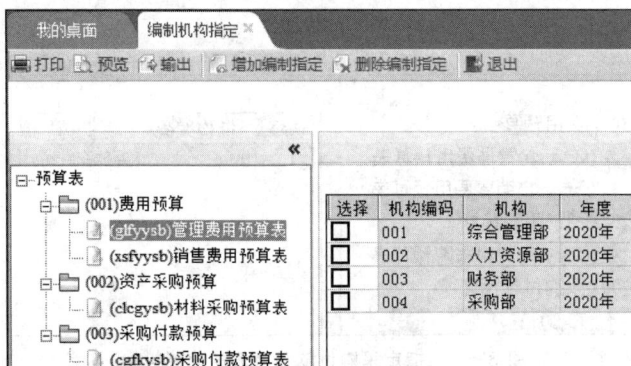

图 3-54　指定管理费用预算表的编制机构

（5）根据实验资料并参照步骤（1）～步骤（4），指定销售费用预算表、材料采购预算表、采购付款预算表的编制机构，结果如图 3-55～图 3-57 所示。

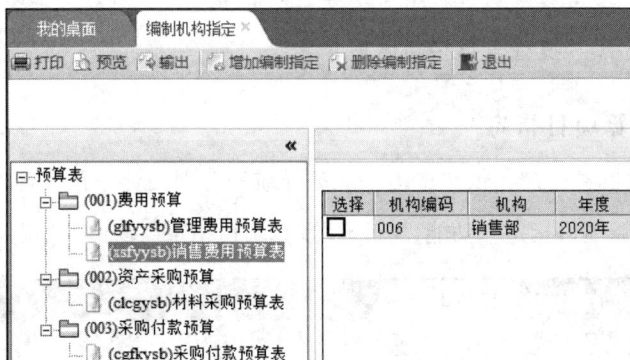

图 3-55　指定销售费用预算表的编制机构

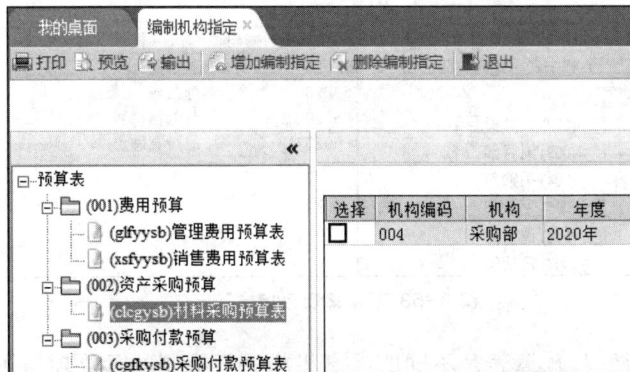

图 3-56　指定材料采购预算表的编制机构

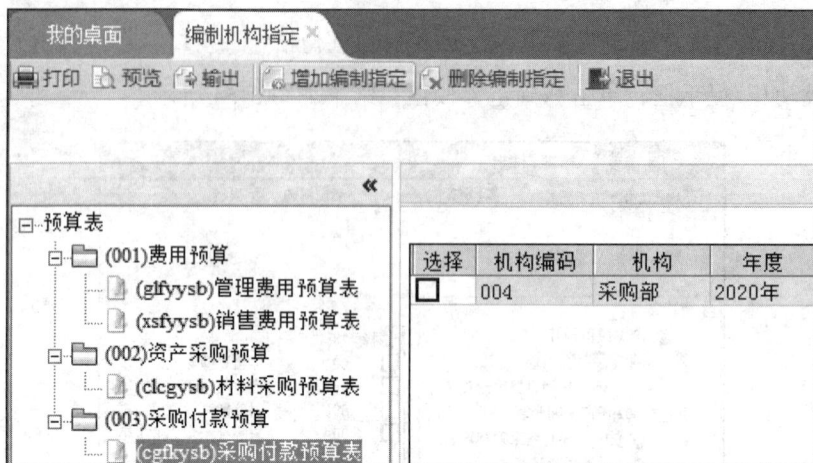

图 3-57　指定采购付款预算表的编制机构

> **提示**　"编制机构指定"功能用于指定预算表与预算机构之间的关系，即哪些编制机构编制哪些预算表。如果不指定编制机构，则不能为该机构编制预算。新增编制机构后，需在此功能中指定新增编制机构编制的预算表。

### 2．预算项目指定

在企业信息门户，依次单击"业务导航→管理会计→预算管理"菜单，再单击"预算项目指定"功能，打开"预算项目指定"窗口，如图 3-58 所示。

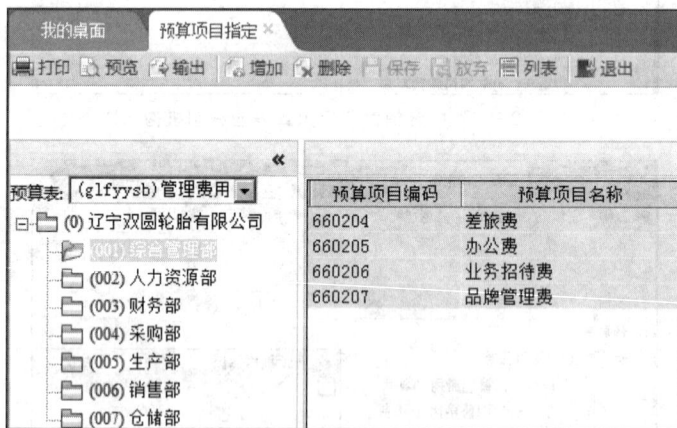

图 3-58　"预算项目指定"窗口

对于同一张预算表，不同的编制机构需要编制的预算项目可能会存在差异。

　　"预算项目指定"功能用于将预算项目按照业务需要指定给不同的编制机构。

　　首次使用"预算项目指定"功能时，系统显示的是在"编制机构指定"窗口中保存的结果。通过"预算项目指定"功能可以将不同机构适用于不同预算项目，以后进入时，系统显示调整后的结果。

　　存在分组的预算表不支持不同编制机构使用不同预算项目。

　　在编制预算时，预算表的格式会根据预算项目指定的设置显示。

# 第4章
# 编制预算

## 4.1 编制预算

编制预算的基本流程为：手工录入并保存→审核→计算→提交→审批。

**1. 编制管理费用预算**

*实验资料*

编制管理费用预算

根据表 4-1 编制公司各部门 1～3 月的管理费用预算。

表 4-1　　　　　　　　公司各部门 1～3 月的管理费用预算

| 预算部门 | 费用项目 | 1月预算 | 2月预算 | 3月预算 | 季度小计 |
|---|---|---|---|---|---|
| 综合管理部 | 差旅费 | 1 000.00 | 1 000.00 | 1 000.00 | 3 000.00 |
| | 办公费 | 2 000.00 | 2 000.00 | 2 000.00 | 6 000.00 |
| | 业务招待费 | 2 000.00 | 2 000.00 | 2 000.00 | 6 000.00 |
| | 品牌管理费 | 4 000.00 | 4 000.00 | 4 000.00 | 12 000.00 |
| 人力资源部 | 差旅费 | 300.00 | 300.00 | 300.00 | 900.00 |
| | 办公费 | 200.00 | 200.00 | 200.00 | 600.00 |
| | 业务招待费 | 100.00 | 100.00 | 100.00 | 300.00 |
| | 品牌管理费 | | | | |
| 财务部 | 差旅费 | 300.00 | 300.00 | 300.00 | 900.00 |
| | 办公费 | 200.00 | 200.00 | 200.00 | 600.00 |
| | 业务招待费 | 100.00 | 100.00 | 100.00 | 300.00 |
| | 品牌管理费 | | | | |
| 采购部 | 差旅费 | 1 500.00 | 1 500.00 | 1 500.00 | 4 500.00 |
| | 办公费 | 1 800.00 | 1 800.00 | 1 800.00 | 5 400.00 |

| 预算部门 | 费用项目 | 1 月预算 | 2 月预算 | 3 月预算 | 季度小计 |
|---|---|---|---|---|---|
| 采购部 | 业务招待费 | 2 000.00 | 2 000.00 | 2 000.00 | 6 000.00 |
| | 品牌管理费 | | | | |
| 合 计 | 差旅费 | 3 100.00 | 3 100.00 | 3 100.00 | 9 300.00 |
| | 办公费 | 4 200.00 | 4 200.00 | 4 200.00 | 12 600.00 |
| | 业务招待费 | 4 200.00 | 4 200.00 | 4 200.00 | 12 600.00 |
| | 品牌管理费 | 4 000.00 | 4 000.00 | 4 000.00 | 12 000.00 |
| | 小计 | 15 500.00 | 15 500.00 | 15 500.00 | 46 500.00 |

**实验过程**

（1）在企业信息门户，单击"业务导航→管理会计→预算管理"菜单，再单击"编制预算"功能，打开"编制预算"窗口。单击"综合管理部"菜单，选择"管理费用预算表"选项卡，再单击"确定"按钮，调出该部门的管理费用预算表，用鼠标右键单击预算表的任意单元格，选择"切换到分解模式"命令，如图 4-1 所示。

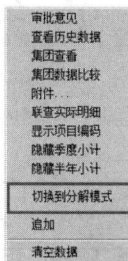

图 4-1 切换到分解模式

（2）根据表 4-1 录入综合管理部的管理费用预算，录入完毕后单击"保存"按钮，弹出"保存成功！"提示框，单击"确定"按钮，结果如图 4-2 所示。

图 4-2 综合管理部的管理费用预算

119

（3）根据实验资料并参照步骤（1）～步骤（2），完成人力资源部、财务部和采购部的预算编制，结果如图4-3～图4-5所示。

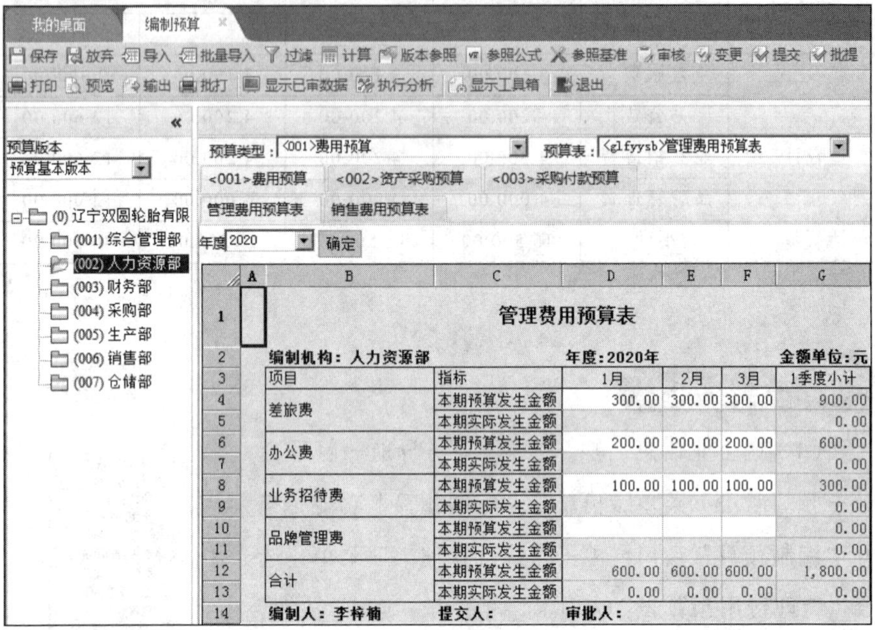


管理费用预算表

编制机构：人力资源部　　年度：2020年　　金额单位：元

| 项目 | 指标 | 1月 | 2月 | 3月 | 1季度小计 |
|---|---|---|---|---|---|
| 差旅费 | 本期预算发生金额 | 300.00 | 300.00 | 300.00 | 900.00 |
| | 本期实际发生金额 | | | | 0.00 |
| 办公费 | 本期预算发生金额 | 200.00 | 200.00 | 200.00 | 600.00 |
| | 本期实际发生金额 | | | | 0.00 |
| 业务招待费 | 本期预算发生金额 | 100.00 | 100.00 | 100.00 | 300.00 |
| | 本期实际发生金额 | | | | 0.00 |
| 品牌管理费 | 本期预算发生金额 | | | | 0.00 |
| | 本期实际发生金额 | | | | 0.00 |
| 合计 | 本期预算发生金额 | 600.00 | 600.00 | 600.00 | 1,800.00 |
| | 本期实际发生金额 | 0.00 | 0.00 | 0.00 | 0.00 |

编制人：李梓楠　　提交人：　　审批人：

图 4-3　人力资源部的管理费用预算

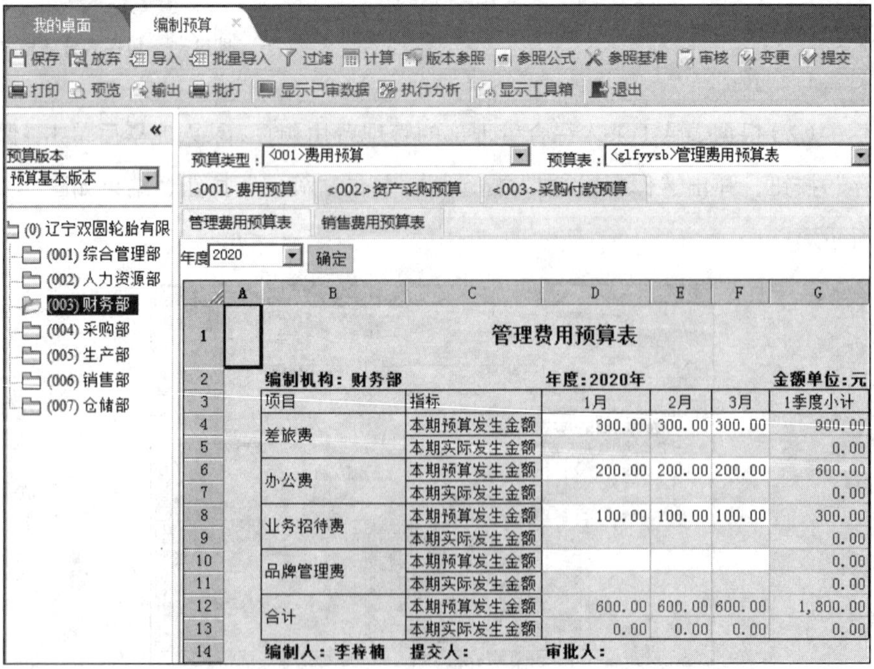


管理费用预算表

编制机构：财务部　　年度：2020年　　金额单位：元

| 项目 | 指标 | 1月 | 2月 | 3月 | 1季度小计 |
|---|---|---|---|---|---|
| 差旅费 | 本期预算发生金额 | 300.00 | 300.00 | 300.00 | 900.00 |
| | 本期实际发生金额 | | | | 0.00 |
| 办公费 | 本期预算发生金额 | 200.00 | 200.00 | 200.00 | 600.00 |
| | 本期实际发生金额 | | | | 0.00 |
| 业务招待费 | 本期预算发生金额 | 100.00 | 100.00 | 100.00 | 300.00 |
| | 本期实际发生金额 | | | | 0.00 |
| 品牌管理费 | 本期预算发生金额 | | | | 0.00 |
| | 本期实际发生金额 | | | | 0.00 |
| 合计 | 本期预算发生金额 | 600.00 | 600.00 | 600.00 | 1,800.00 |
| | 本期实际发生金额 | 0.00 | 0.00 | 0.00 | 0.00 |

编制人：李梓楠　　提交人：　　审批人：

图 4-4　财务部的管理费用预算

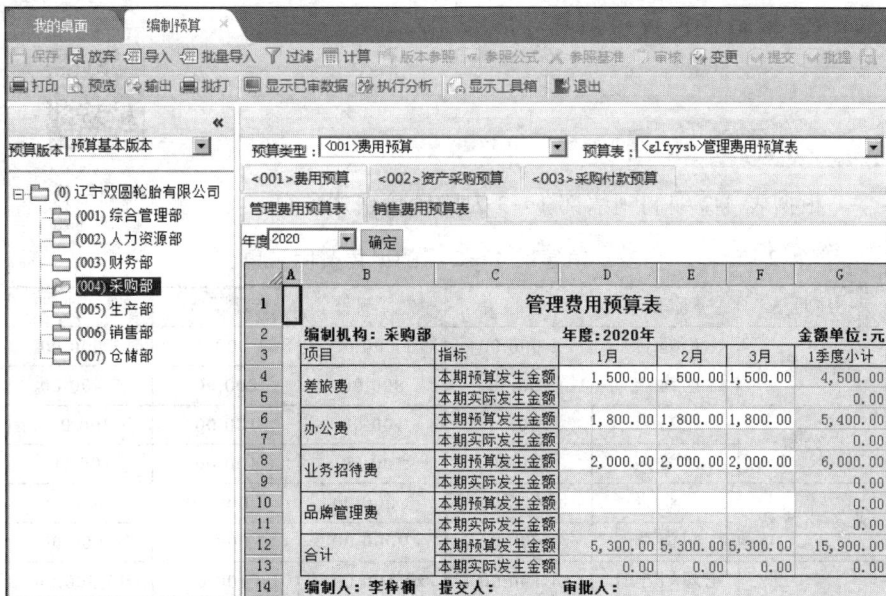

图 4-5 采购部的管理费用预算

（4）录入完毕后单击"（0）辽宁双圆轮胎有限公司"菜单，结果如图 4-6 所示。

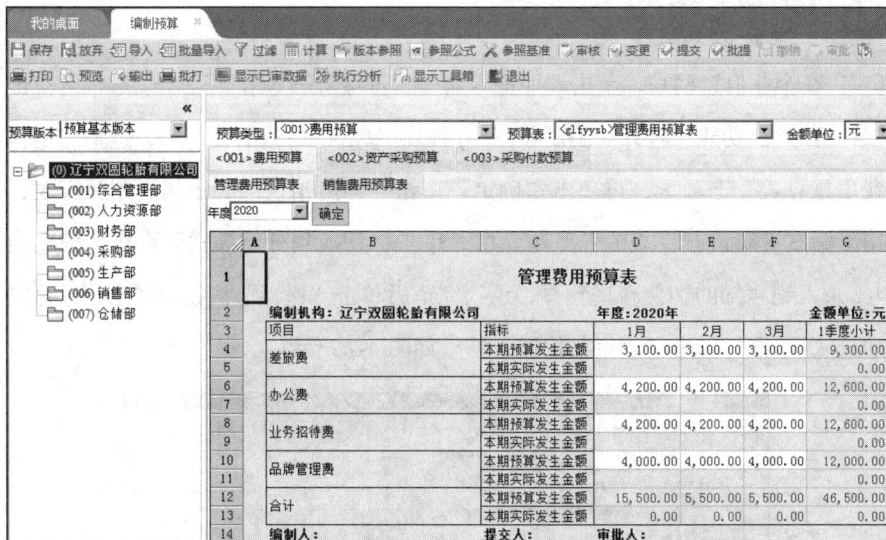

图 4-6 管理费用预算

> **提示**　除手工录入预算数据外，系统还可根据预算项目间及预算表内设置的项目公示自动取数。

### 2. 编制销售费用预算

**实验资料**

根据表 4-2 编制销售部 1～3 月的销售费用预算。

表 4-2 销售部 1～3 月的销售费用预算

| 项目 | 职员 | 1 月预算 | 2 月预算 | 3 月预算 | 季度小计 |
|------|------|----------|----------|----------|----------|
| 差旅费 | 纪超岩 | 1 000.00 | 1 000.00 | 1 000.00 | 3 000.00 |
|  | 胡海燕 | 800.00 | 800.00 | 800.00 | 2 400.00 |
| 办公费 | 纪超岩 | 100.00 | 100.00 | 100.00 | 300.00 |
|  | 胡海燕 | 100.00 | 100.00 | 100.00 | 300.00 |
| 业务招待费 | 纪超岩 | 3 000.00 | 3 000.00 | 3 000.00 | 9 000.00 |
|  | 胡海燕 | 2 000.00 | 2 000.00 | 2 000.00 | 6 000.00 |
| 合计 | 纪超岩小计 | 4 100.00 | 4 100.00 | 4 100.00 | 12 300.00 |
|  | 胡海燕小计 | 2 900.00 | 2 900.00 | 2 900.00 | 8 700.00 |
|  | 小计 | 7 000.00 | 7 000.00 | 7 000.00 | 21 000.00 |

**实验过程**

在企业信息门户，单击"业务导航→管理会计→预算管理"菜单，再单击"编制预算"功能，打开"编制预算"窗口。单击"销售部"菜单，选择"销售费用预算表"选项卡，再单击"确定"按钮，调出销售部的销售费用预算表，用鼠标右键单击预算表的任意单元格，单击"切换到分解模式"命令。根据表4-2 录入销售部的销售费用预算，录入完毕后单击"保存"按钮，弹出"保存成功!"提示框，单击"确定"按钮，结果如图 4-7 所示。

图 4-7 销售部的销售费用预算

### 3. 编制材料采购预算

**实验资料**

根据表 4-3 编制采购部 1 月的材料采购预算。

表 4-3　　　　　　　　采购部 1 月的材料采购预算

| 存货名称 | 预算金额 |
|---|---|
| 丁苯橡胶 | 10 850 000.00 |
| 天然橡胶 | 9 450 000.00 |
| 硅烷偶联剂 | 143 000.00 |
| 防焦剂 | 226 000.00 |
| 芳烃油 | 87 500.00 |
| 硫化剂 | 14 900.00 |
| 促进剂 | 217 500.00 |
| 软化剂 | 48 000.00 |
| 防老剂 | 139 000.00 |
| 补强剂 | 38 500.00 |
| 脱模剂 | 255 000.00 |
| 热镀锌钢丝 | 61 000.00 |
| 镀铜钢丝 | 75 500.00 |
| 炭黑 | 36 500.00 |
| 合计 | 21 642 400.00 |

**实验过程**

在企业信息门户，单击"业务导航→管理会计→预算管理"菜单，再单击"编制预算"功能，打开"编制预算"窗口。单击"采购部"菜单，选择"资产采购预算"选项卡，再单击"确定"按钮，调出采购部的材料采购预算表，用鼠标右键单击预算表任意单元格，单击"切换到分解模式"命令。根据表 4-3 录入采购部的材料采购预算，录入完毕后单击"保存"按钮，弹出"保存成功！"提示框，单击"确定"按钮，结果如图 4-8所示。

图 4-8　采购部的材料采购预算

### 4. 编制采购付款预算

**实验资料**

根据表 4-4 编制采购部 1～6 月的采购付款预算。

表 4-4　　　　　　　　采购部 1～6 月的采购付款预算

| 月　份 | 预算金额 |
| --- | --- |
| 1 月 | 700 000.00 |
| 2 月 | 800 000.00 |
| 3 月 | 900 000.00 |
| 季度小计 | 2 400 000.00 |
| 4 月 | 1 000 000.00 |
| 5 月 | 1 000 000.00 |
| 6 月 | 1 000 000.00 |
| 季度小计 | 3 000 000.00 |
| 上半年合计 | 5 400 000.00 |

**实验过程**

在企业信息门户，单击"业务导航→管理会计→预算管理"菜单，再单击"编制预算"功能，打开"编制预算"窗口。单击"采购部"菜单，选择"采购付款预算→采购付款预算表"选项卡，再单击"确定"按钮，调出采购部的采购付款预算表，用鼠标右键单击预算表的任意单元格，单击"切换到分解模式"命令。根据表4-4录入采购部的采购付款预算，录入完毕后单击"保存"按钮，弹出"保存成功!"提示框，单击"确定"按钮，结果如图4-9所示。

图4-9 采购部的采购付款预算

# 4.2 预算数据审核与计算

## 1. 预算数据审核

### 实验资料

对本期编制的预算数据进行审核。

### 实验过程

（1）在企业信息门户，单击"业务导航→管理会计→预算管理"菜单，再单击"预算数据审核"功能，打开"预算数据审核"窗口，如图4-10所示。

预算数据审核

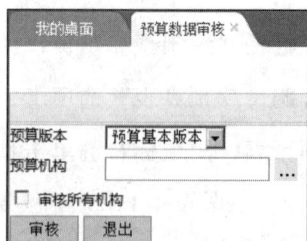

图 4-10 "预算数据审核"窗口

（2）勾选"审核所有机构"，单击"审核"按钮，弹出"是否开始执行预算数据审核？"提示框，单击"是"按钮，系统提示"审核成功!"，单击"确定"按钮。

> **提示** "预算数据审核"功能主要用于审核预算表中的预算数据是否合法，对指定版本、指定机构的预算表数据进行验证。

### 2. 预算数据计算

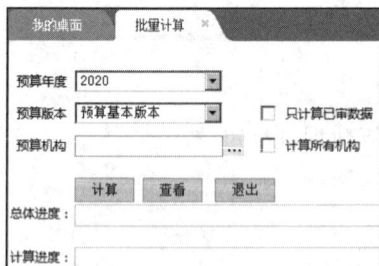

**实验资料**

对本期编制的预算数据进行批量计算。

**实验过程**

预算数据计算

（1）在企业信息门户，依次单击"业务导航→管理会计→预算管理"菜单，再单击"批量计算"功能，打开"批量计算"窗口，如图 4-11 所示。

图 4-11 "批量计算"窗口

（2）勾选"计算所有机构"，单击"计算"按钮，弹出"是否开始执行批量计算？"提示框，单击"是"按钮，系统提示"全部计算完成，用时：1秒"，单击"确定"按钮。

> **提示** "批量计算"功能用于对指定的预算版本和预算机构的预算表从源头重新计算,计算范围为与当前预算表存在计算关系的所有预算表的数据。

# 4.3 预算提交与审批

## 实验资料

提交本期预算数据并对其进行审批。

预算提交与审批

## 实验过程

(1)在企业信息门户,单击"业务导航→管理会计→预算管理"菜单,再单击"预算导航"功能,打开"预算导航"窗口,在"预算机构"选项卡中单击"(0)辽宁双圆轮胎有限公司"菜单,选中所有预算表,单击"提交"按钮,结果如图 4-12 所示。

图 4-12 "预算导航"窗口

> **提示** 编制预算完成后,应当提交编制的预算表,即确认预算编制完成,提交后,该预算表进入待审状态。预算表提交后不能再修改,不能清理数据。

(2)再选中所有的预算表,单击"审批通过"按钮,弹出"预算编制处理意见——网页对话框"，在空白区输入"同意"，结果如图 4-13 所示。

图 4-13　预算编制处理意见

（3）单击"保存"按钮，完成预算数据的审批，结果如图 4-14 所示。

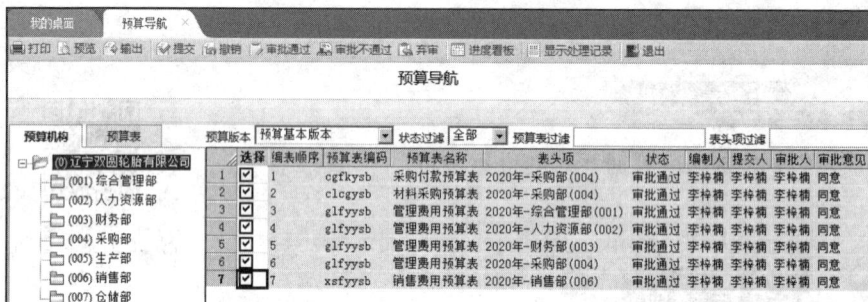

图 4-14　预算导航

> 提示　　预算只有经过审批后，才能发布和作为预算执行的依据。

# 4.4　预算调整

## 实验资料

将销售部纪超岩 1 月的差旅费预算由 1 000 元调整为 1 200 元。

## 实验过程

（1）在企业信息门户，单击"业务导航→管理会计→预算管理"菜单，再单击"调整单列表"功能，打开"调整单列表"窗口，单击"增加"按钮，打开"预算调整单——网页对话框"。单击"销售部"菜单，选择"销售费用预算表"选项卡，再单击"确定"按钮，调出该部门的销售费用预算表，双击纪超岩 1 月差旅费的"本期预算发生金额"，单击工具栏的"确定"按钮，如图 4-15 所示，打开"调整单列表"窗口。

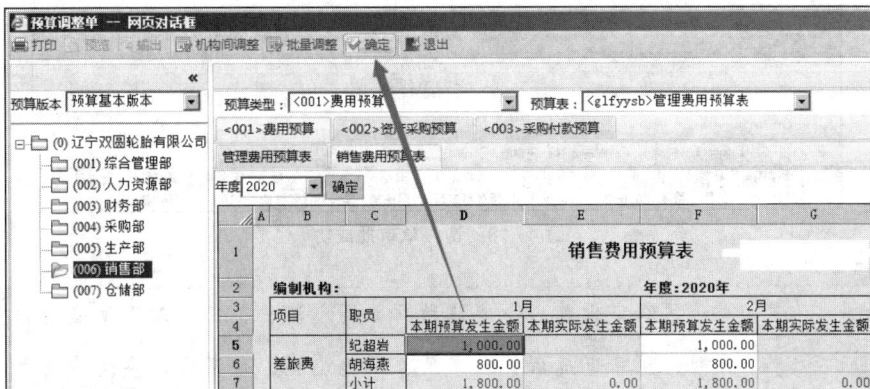

图 4-15　预算调整单

（2）在"本次调整额"栏填入"200"，如图 4-16 所示。单击"保存"按钮，再单击"提交"按钮，系统提示"提交成功"，单击"确定"按钮，返回"调整单列表"窗口。

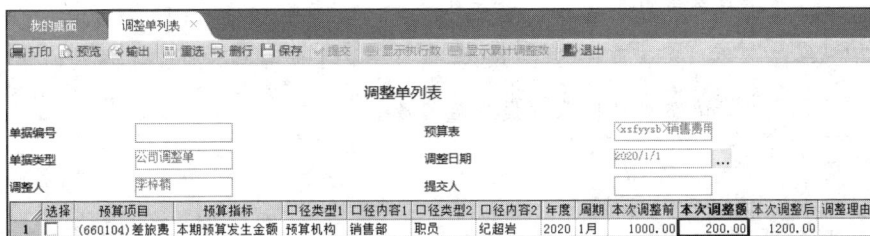

图 4-16　调整单列表

（3）单击"待审批"，再选中预算调整单，单击"审批"按钮，弹出"调整单审核——网页对话框"，在"审核"下拉列表中选择"通过"，在"审批意见"栏输入"同意"，结果如图 4-17 所示。

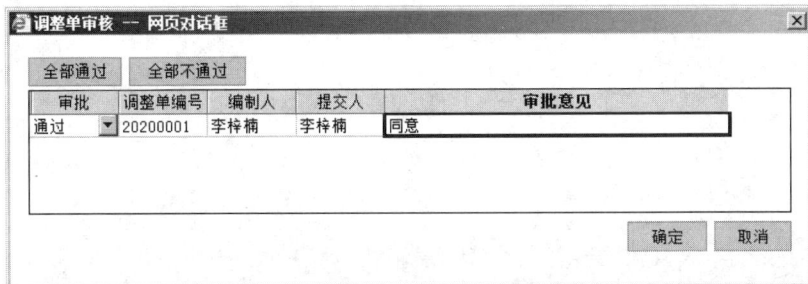

图 4-17　调整单审核

（4）单击"确定"按钮，调整单审批成功，结果如图 4-18 所示。

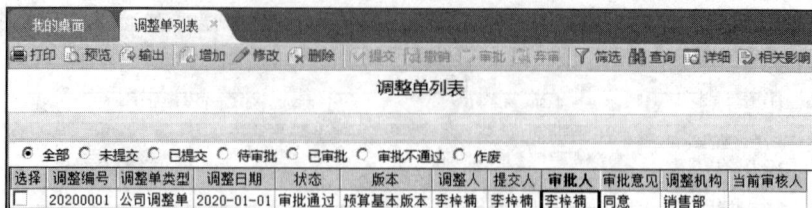

| 选择 | 调整编号 | 调整单类型 | 调整日期 | 状态 | 版本 | 调整人 | 提交人 | 审批人 | 审批意见 | 调整机构 | 当前审核人 |
|---|---|---|---|---|---|---|---|---|---|---|---|
| ☐ | 20200001 | 公司调整单 | 2020-01-01 | 审批通过 | 预算基本版本 | 李梓楠 | 李梓楠 | 李梓楠 | 同意 | 销售部 | |

图 4-18　调整单审批成功

> **提示**
>
> 　　预算审批前，不能启动预算调整流程，仍可以修改编制的数据；预算审批后，启动预算调整流程，且不能再修改编制的数据。
>
> 　　预算审批前，要调整编制预算，需要逐级取消审批及提交，在编制预算功能中修改。在预算审批之后，要调整编制预算，需要调整预算，首先填制预算调整申请单，然后公司审批预算调整申请单。
>
> 　　只有审批通过的预算调整单，才能弃审，审批不通过的预算调整单可以取消提交后修改。

# 第5章
# 预算控制

## 5.1 管理费用预算控制

### 1. 设置并启动控制规则

实验资料

设置并启动管理
费用控制规则

设置管理费用中差旅费的控制规则：当本期实际发生额大于预算金额的60%时，提示"超预算"；当本期实际发生额大于预算金额的80%时，需专人审批；当本期实际发生额大于预算金额的 100%时，不允许。设置完毕后启动该规则。

实验过程

（1）在企业信息门户，单击"业务导航→管理会计→预算管理"菜单，再单击"控制规则"功能，打开"控制规则"窗口。单击"增加"按钮，打开"控制规则设置——网页对话框"，在"控制规则名称"栏输入"管理费用（差旅费）"，单击"项目（组）编码"右侧的 按钮，打开"档案参照——网页对话框"，单击选中"660204 差旅费"，如图 5-1 所示。单击"确定"按钮，返回"控制规则设置——网页对话框"。

（2）在"控制规则设置——网页对话框"，"指标组"选择"金额"，勾选"按已分解数据进行预算控制"，勾选"控制口径"选项卡中的"预算机构"复选框，如图 5-2 所示。

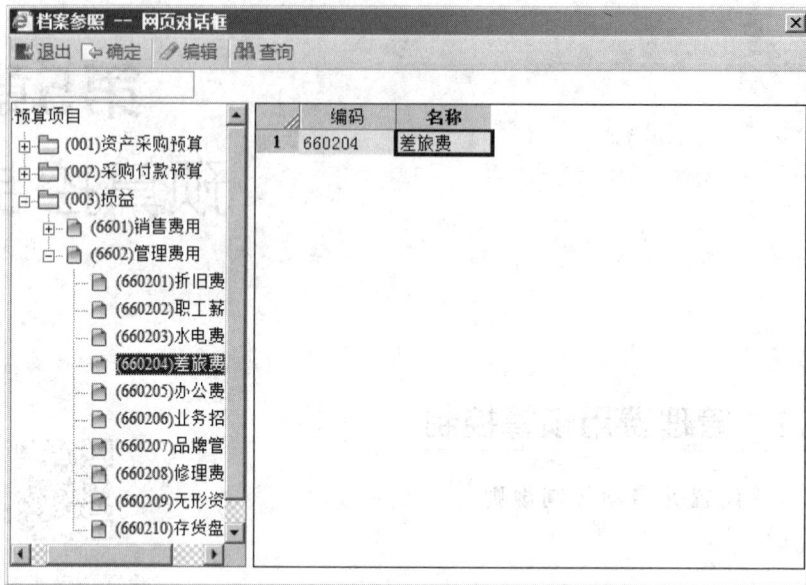

图 5-1　档案参照——网页对话框

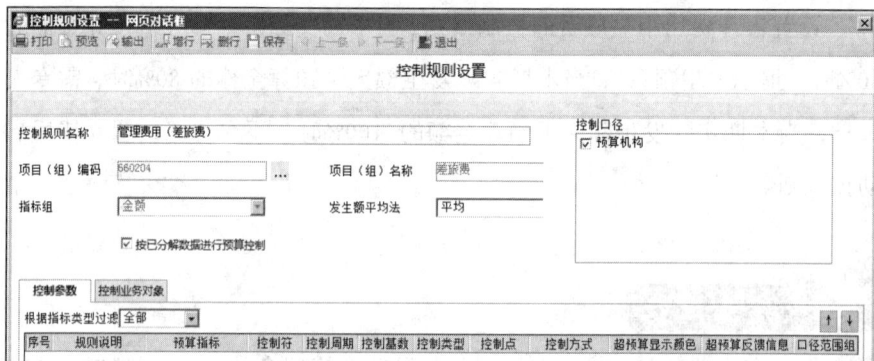

图 5-2　控制规则设置

（3）在"控制规则设置——网页对话框"的"控制参数"选项卡中单击"增行"按钮，在"规则说明"栏输入"超 60%时仅提示"，"预算指标"选择"本期实际发生金额"，"控制符"选择">"，"控制周期"选择"月"，"控制基数"选择"预算数"，"控制类型"选择"比例"，"控制点"输入"0.6"，"控制方式"选择"仅仅提示"，"超预算反馈信息"输入"占预算 60%"。单击"增行"按钮，依据实验资料参照上述方法继续完成第二行、第三行的控制参数设置，结果如图 5-3 所示。

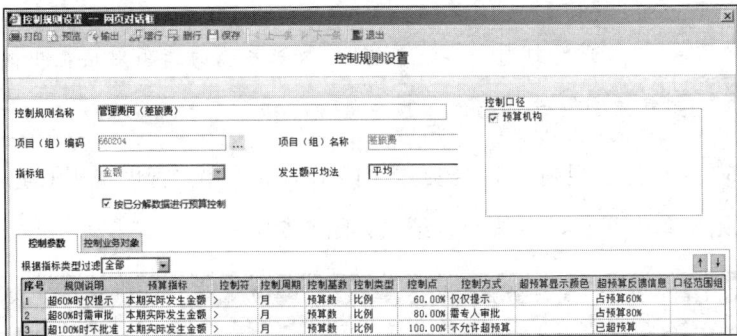

图 5-3　控制规则设置结果——"控制参数"选项卡

（4）单击"控制业务对象"选项卡，勾选"总账系统"，单击"增行"按钮，第一行的"计算符"选择"+"，单击"会计科目"栏，再单击 ⬛ 按钮，弹出"控制科目参照——网页对话框"，在对话框左上角的文本框中输入"660204"，单击"过滤"按钮，再单击 ⬛ 按钮，结果如图 5-4 所示。

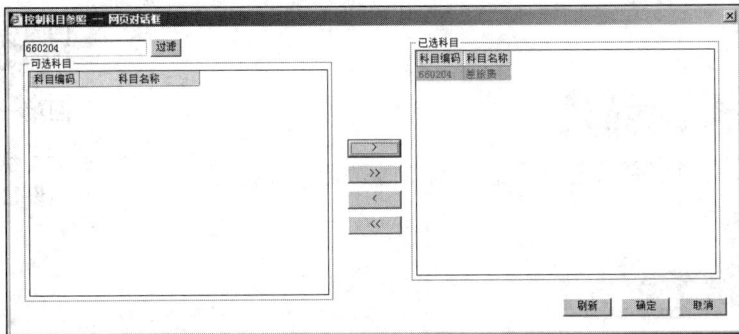

图 5-4　控制科目参照——网页对话框

（5）单击"确定"按钮，再单击"保存"按钮，结果如图 5-5 所示，退出当前对话框，返回"控制规则"窗口。

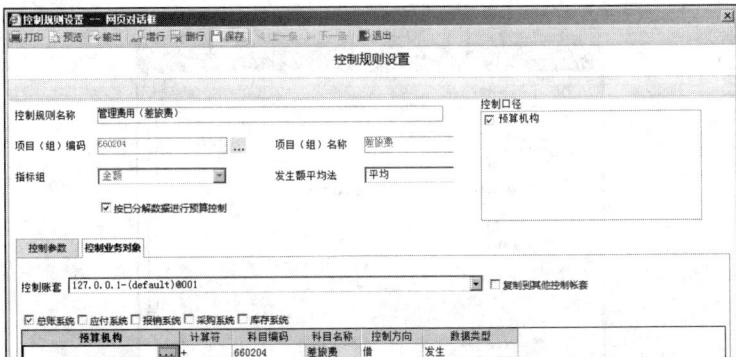

图 5-5　控制规则设置结果——"控制业务对象"选项卡

此处勾选"总账系统"，总账系统的选项对话框中的"预算控制"选项卡的"预算管理系统"项自动勾选。

（6）启动控制规则。在"控制规则"窗口，选中"管理费用（差旅费）"控制规则，单击"启动"按钮，结果如图5-6所示。

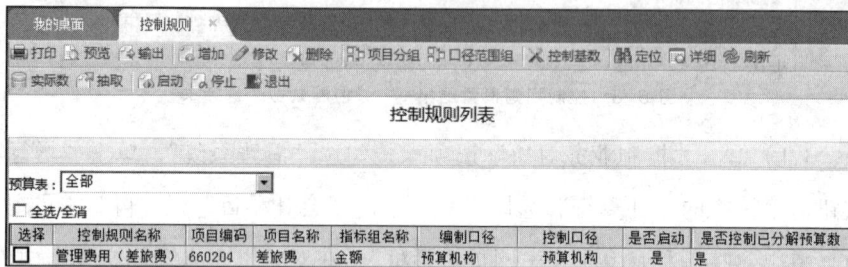

图 5-6　启动控制规则

## 2. 总账系统选项设置

**实验资料**

设置总账系统选项，选择制单时进行预算控制。

**实验过程**

总账系统选项设置

在企业应用平台，单击"业务导航→基础设置"页签中的"业务参数→财务会计→总账"菜单，打开"选项"窗口，单击窗口下方的"编辑"按钮，单击"预算控制"选项卡，选中"制单时控制"单选按钮，如图5-7所示，单击"确定"按钮。

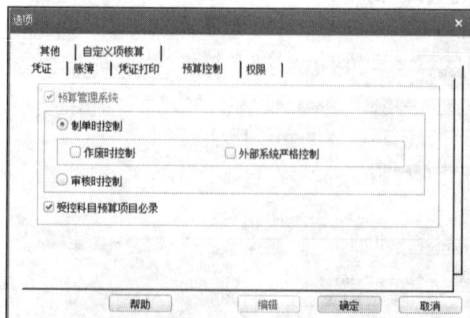

图 5-7　总账系统选项——"预算控制"选项卡

### 3．填制凭证

## 实验资料

2020 年 1 月 2 日，各部门报销差旅费，其中综合管理部李梓楠报销 500 元（预算 1 000 元），人力资源部刘颖华报销 200 元（预算 300 元），财务部王健荣报销 300 元（预算 300 元），采购部赵子晨报销 1 600 元（预算 1 500 元）。请在总账系统中分别填制凭证。

填制管理费用
记账凭证

## 实验过程

（1）填制综合管理部李梓楠报销差旅费的记账凭证

① 2020 年 1 月 2 日，由张博文（W02）登录企业应用平台。在企业应用平台，单击"业务导航→业务工作"页签中的"财务会计→总账→凭证→填制凭证"菜单，打开"填制凭证"窗口。单击"增加"按钮，增加一张新凭证。在"摘要"栏输入"综合管理部李梓楠报销差旅费"。

② 按回车键，单击"科目名称"栏的"参照"按钮，选择会计科目"660204 管理费用/差旅费"，按回车键，弹出"辅助项"对话框，单击"部门"栏的"参照"按钮，选择"综合管理部"，按回车键，"预算项目""预算机构"自动弹出，如图 5-8 所示。

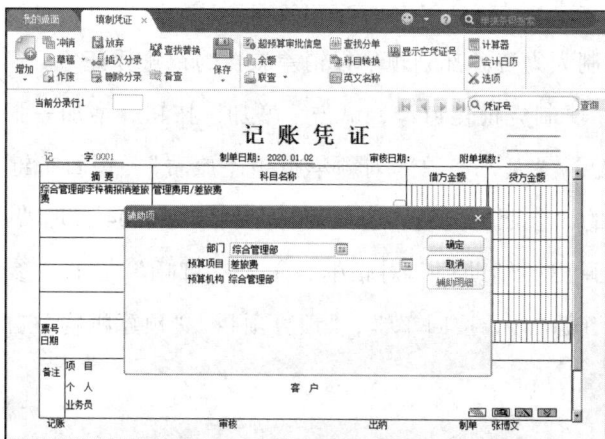

图 5-8 "辅助项"对话框

③ 单击"确定"按钮，返回"填制凭证"窗口，输入借方金额 500。按回车键，在第 2 行分录的"科目名称"栏输入会计科目编码"1001"显示会计科目"库存现金"，贷方金额输入 500，单击"保存"按钮，系统提示"凭证已成功保存!"，单击"确定"按钮，结果如图 5-9 所示。

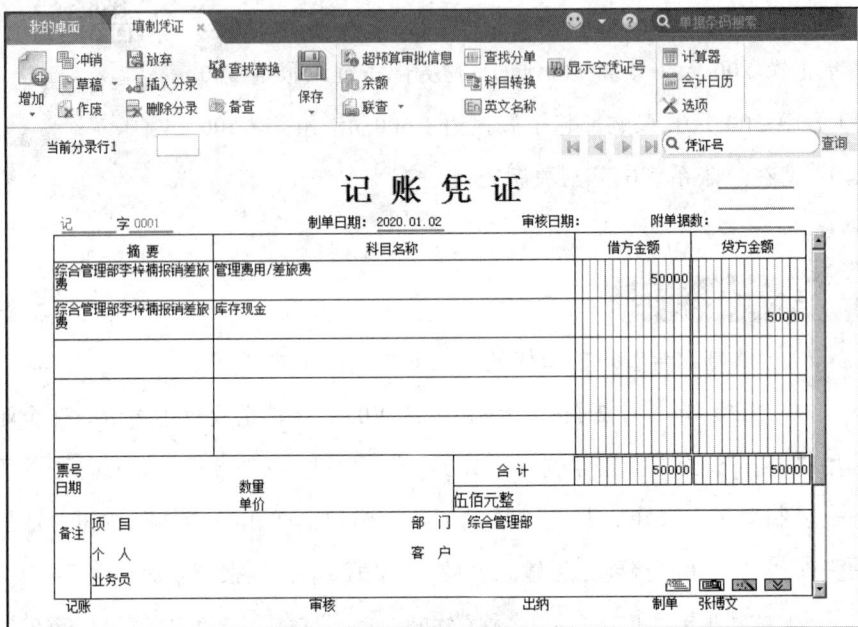

图 5-9　记账凭证

> **提示**　由于综合管理部李梓楠所报差旅费 500 元未超过本月预算 1 000 元的 60%，所以记账凭证保存时无任何预算信息提示。

（2）填制人力资源部刘颖华报销差旅费的记账凭证

① 在"填制凭证"窗口，单击"增加"按钮，增加一张新凭证。在"摘要"栏输入"人力资源部刘颖华报销差旅费"。按回车键，单击"科目名称"栏的"参照"按钮，选择会计科目"660204 管理费用/差旅费"，按回车键，弹出"辅助项"对话框，单击"部门"栏的"参照"按钮，选择"人力资源部"，按回车键，"预算项目""预算机构"自动弹出，如图 5-10 所示。

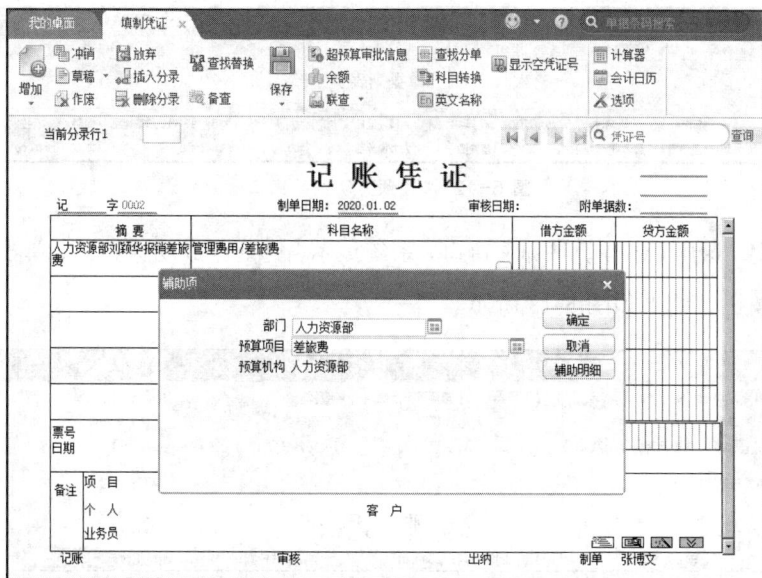

图 5-10 "辅助项"对话框

② 单击"确定"按钮，返回"填制凭证"窗口，录入借方金额 200。按回车键，在第 2 行分录的"科目名称"栏输入会计科目编码"1001"显示会计科目"库存现金"，贷方金额输入 200，单击"保存"按钮，弹出图 5-11 所示的提示框。

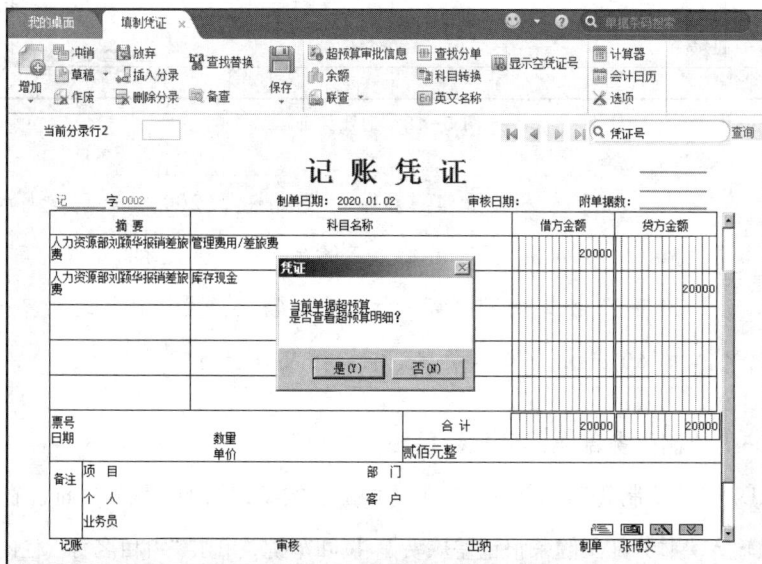

图 5-11 "超预算"提示

③ 单击"是"按钮，弹出"超预算明细"窗口，如图 5-12 所示。

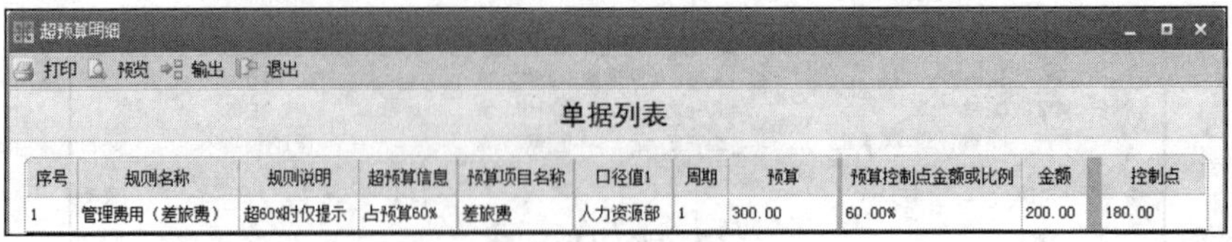

图 5-12　"超预算明细"窗口

④ 退出"超预算明细"窗口，系统提示"凭证已成功保存！"，单击"确定"按钮，结果如图 5-13 所示。

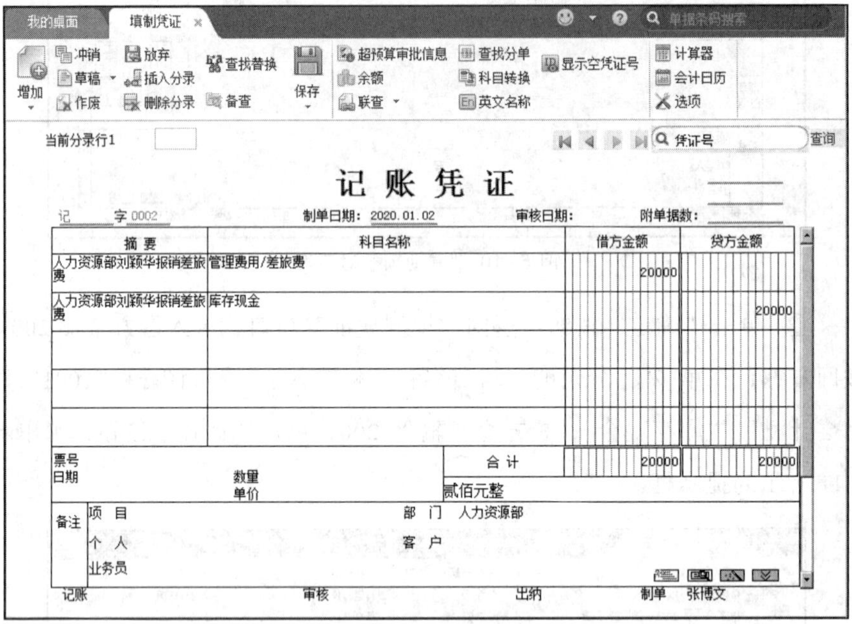

图 5-13　记账凭证

> **提示**　　由于人力资源部刘颖华所报差旅费 200 元超过本月预算 300 元的 60%，所以记账凭证保存时，系统提示"管理费用（差旅费）"控制规则的第一行，即本期实际发生额超过预算金额的 60% 时，系统仅提示，但记账凭证仍能正常保存。

（3）填制财务部王健荣报销差旅费的记账凭证

① 在"填制凭证"窗口，单击"增加"按钮，增加一张新凭证。在"摘要"栏输入"财务部王健荣报销差旅费"。按回车键，单击"科目名称"栏的"参照"按钮，选择会计科目"660204 管理费用/差旅费"，按回车键，弹出"辅助项"对话框，单击"部门"栏的"参照"按钮，选择"财务部"，按回车键，"预

算项目"预算机构"自动弹出，如图 5-14 所示。

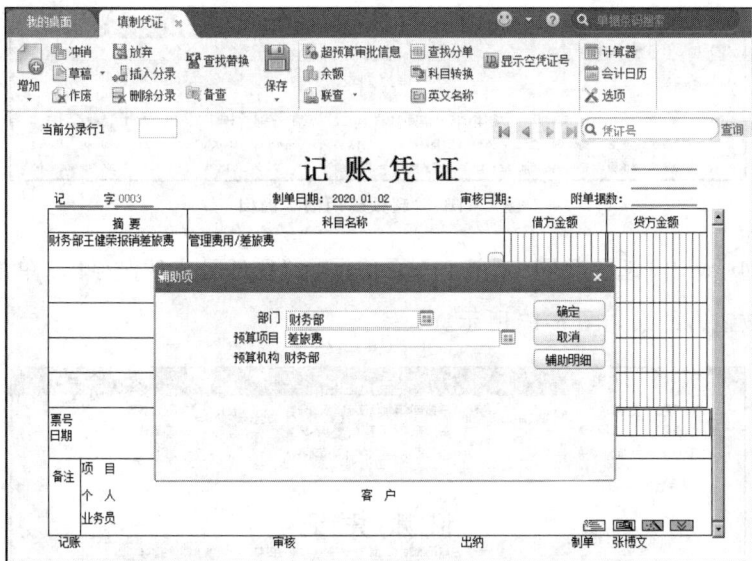

图 5-14 "辅助项"对话框

② 单击"确定"按钮，返回"填制凭证"窗口，输入借方金额 300。按回车键，在第 2 行分录的"科目名称"栏输入会计科目编码"1001"显示会计科目"库存现金"，贷方金额输入 300，单击"保存"按钮，弹出图 5-15 所示的提示框。

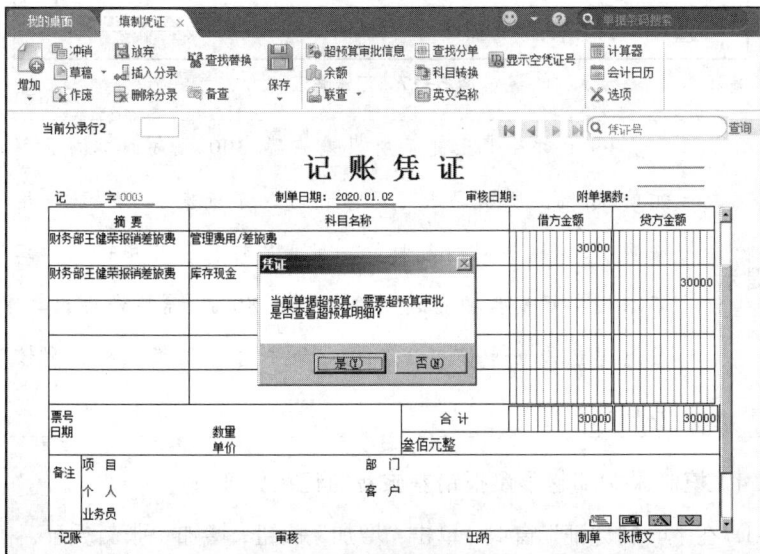

图 5-15 "超预算"提示

③ 单击“是”按钮，弹出“超预算明细”窗口，如图 5-16 所示。

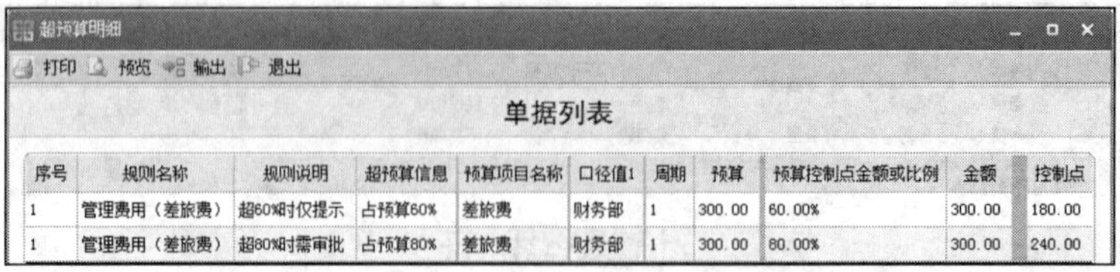


| 序号 | 规则名称 | 规则说明 | 超预算信息 | 预算项目名称 | 口径值1 | 周期 | 预算 | 预算控制点金额或比例 | 金额 | 控制点 |
|---|---|---|---|---|---|---|---|---|---|---|
| 1 | 管理费用（差旅费） | 超60%时仅提示 | 占预算60% | 差旅费 | 财务部 | 1 | 300.00 | 60.00% | 300.00 | 180.00 |
| 1 | 管理费用（差旅费） | 超80%时需审批 | 占预算80% | 差旅费 | 财务部 | 1 | 300.00 | 80.00% | 300.00 | 240.00 |

图 5-16 “超预算明细”窗口

④ 退出“超预算明细”窗口，系统提示“凭证已成功保存！”，单击“确定”按钮，结果如图 5-17 所示。

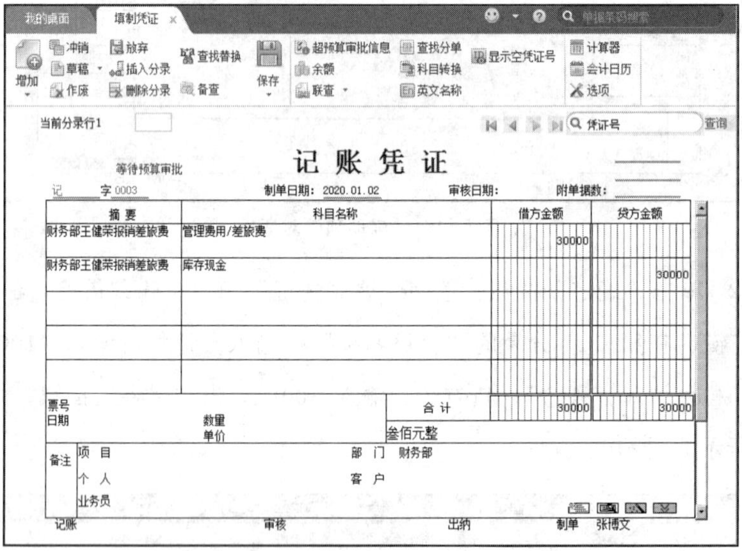


图 5-17 记账凭证

**提示**

由于财务部王健荣所报差旅费 300 元超过本月预算 300 元的 80%，所以记账凭证保存时，系统提示“管理费用（差旅费）”控制规则的前两行，起实质性控制作用的是第二行，即本期实际发生额超过预算金额的 80%，需要进行预算审批。虽然凭证能正常保存，但是如果不进行预算审批，则该记账凭证不能被审核。

（4）填制采购部赵子晨报销差旅费的记账凭证

① 在“填制凭证”窗口，单击“增加”按钮，增加一张新凭证。在“摘要”栏输入“采购部赵子晨报销差旅费”。按回车键，单击“科目名称”栏

的"参照"按钮，选择会计科目"660204 管理费用/差旅费"，按回车键，
弹出"辅助项"对话框，单击"部门"栏的"参照"按钮，选择"采购部"，
按回车键，"预算项目""预算机构"自动弹出，如图 5-18 所示。

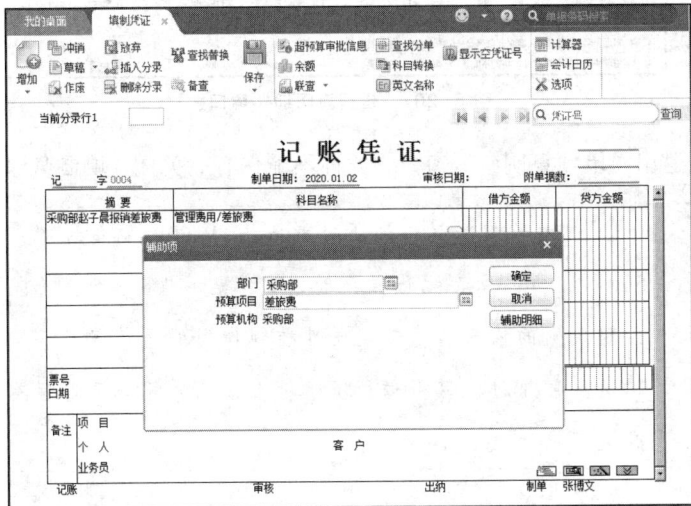

图 5-18 "辅助项"对话框

② 单击"确定"按钮，返回"填制凭证"窗口，输入借方金额 1 600。
按回车键，在第 2 行分录的"科目名称"栏输入会计科目编码"1001"显
示会计科目"库存现金"，贷方金额输入 1 600，单击"保存"按钮，弹出
图 5-19 所示的提示框。

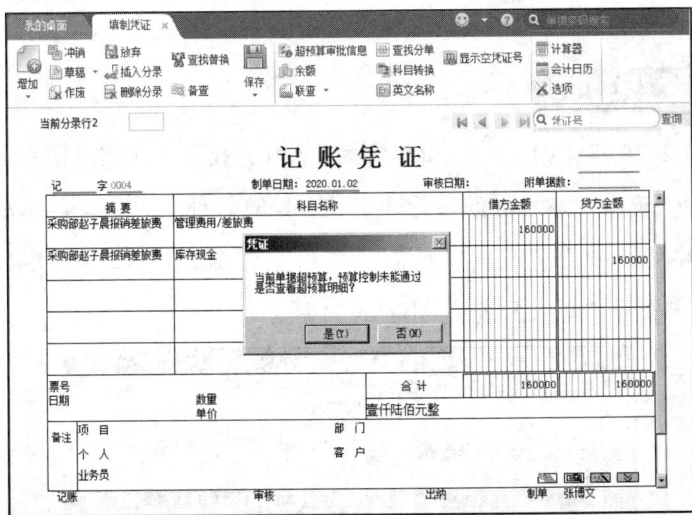

图 5-19 "超预算"提示

③ 单击"是"按钮，弹出"超预算明细"窗口，如图 5-20 所示。

图 5-20 "超预算明细"窗口

④ 退出"超预算明细"窗口，凭证不能保存，关闭"填制凭证"窗口。

提示

由于采购部赵子晨所报差旅费 1 600 元超过本月预算 1 500 元，所以保存记账凭证时，系统提示"管理费用（差旅费）"控制规则的前三行，起实质性控制作用的是第三行，即本期实际发生额超过预算金额，不予批准，记账凭证不能保存，更不能被审核。

### 4. 超预算审批

实验资料

管理费用
超预算审批

对财务部王健荣报销差旅费 300 元的记账凭证进行超预算审批。

实验过程

（1）2020 年 1 月 2 日，由李梓楠（A01）登录企业信息门户。在企业信息门户，单击"业务导航→管理会计→预算管理"菜单，再单击"超预算审批"功能，打开"超预算审批"窗口。在控制账套[127.0.0.1-（default）@001]右侧选择"总账系统"，如图 5-21 所示。

图 5-21 超预算审批

（2）选中第一行待审批的记账凭证，单击"审批"按钮，打开"超预算单据"窗口，在"审批结论"列选中"同意"，"审批意见"输入"批准"，单击"保存"按钮，系统提示"单据：0003 审批成功！"，结果如图 5-22 所示。

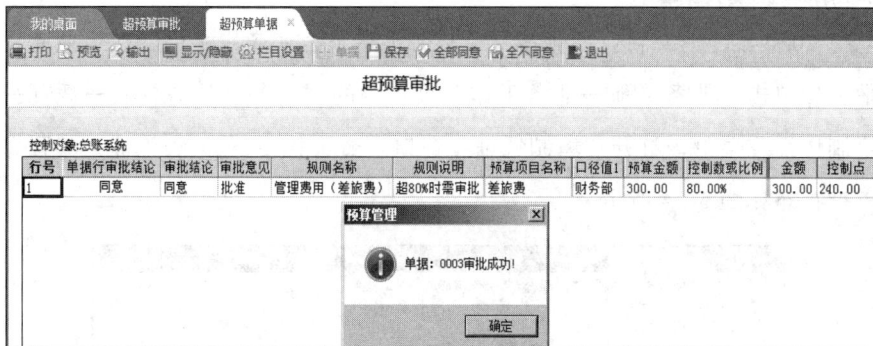

图 5-22　超预算审批成功

（3）单击"确定"按钮系统自动关闭"超预算单据"窗口，并自动返回"超预算审批"窗口，最终审批结果如图 5-23 所示。

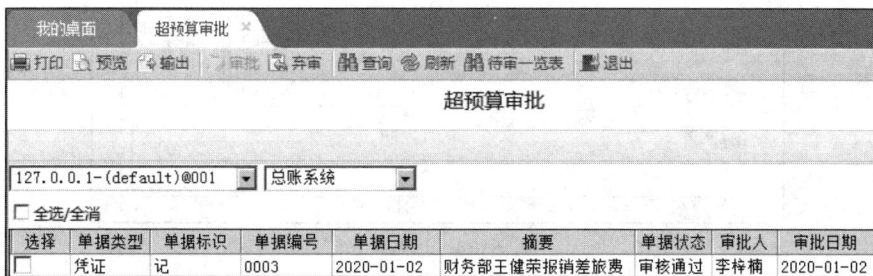

图 5-23　超预算审批结果

**提示**

这里超预算金额是指当前凭证或单据的金额超出可用预算的金额。只有经过超预算审批的业务单据，业务系统才能进行后续业务处理。如果业务系统对超预算单据进行了后续处理，则不能弃审该单据。

### 5．查看审批通过的记账凭证

**实验资料**

到总账系统查看财务部王健荣报销差旅费 300 元的

查看审批通过的管理费用记账凭证

记账凭证的预算审批状态。

### 实验过程

2020 年 1 月 2 日，由张博文（W02）登录企业应用平台。在企业应用平台，单击"业务导航→业务工作"页签中的"财务会计→总账→凭证→填制凭证"菜单，打开"填制凭证"窗口。查询第 3 号记账凭证，其预算审批状态如图 5-24 所示。

图 5-24　记账凭证

> **提示**　预算审批通过的记账凭证不可修改。

## 5.2　销售费用预算控制

### 1. 设置并启动控制规则

### 实验资料

设置并启动销售费用控制规则

设置销售费用中办公费的控制规则：当本期实际发生额大于预算金额的 90%时，提示"超预算"；当本期实际发生额大于预算金额的 100%时，需专人审批；当本期实际发生额大于预算金额的 120%时，

不允许。设置完毕后启动该规则。

**实验过程**

（1）在企业信息门户，单击"业务导航→管理会计→预算管理"菜单，再单击"控制规则"功能，打开"控制规则"窗口。单击"增加"按钮，打开"控制规则设置——网页对话框"，在"控制规则名称"文本框中输入"销售费用（办公费）"，单击"项目（组）编码"右侧的...按钮，打开"档案参照——网页对话框"，单击选中"（660105）办公费"，如图 5-25 所示。单击"确定"按钮，返回"控制规则设置——网页对话框"。

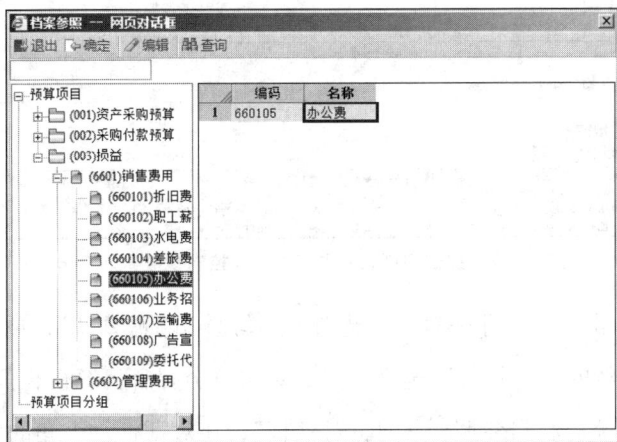

图 5-25　档案参照——网页对话框

（2）在"控制规则设置——网页对话框"中，"指标组"选择"金额"，勾选"按已分解数据进行预算控制"复选框，"控制口径"勾选"预算机构""职员"，如图 5-26 所示。

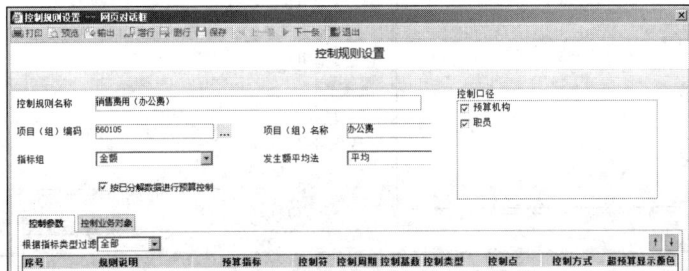

图 5-26　控制规则设置

（3）在"控制规则设置——网页对话框"的"控制参数"选项卡中单击"增行"按钮，在"规则说明"栏输入"超 90%时仅提示"，"预算指标"选择"本期实际发生金额"，"控制符"选择">"，"控制周期"选择"月"，"控制基数"选择"预算数"，"控制类型"选择"比例"，"控制点"输入"0.9"，"控制方式"选择"仅仅提示"。单击"增行"按钮，依据实验资料参照上述方法继续完成第二行、第三行的控制参数设置，结果如图 5-27 所示。

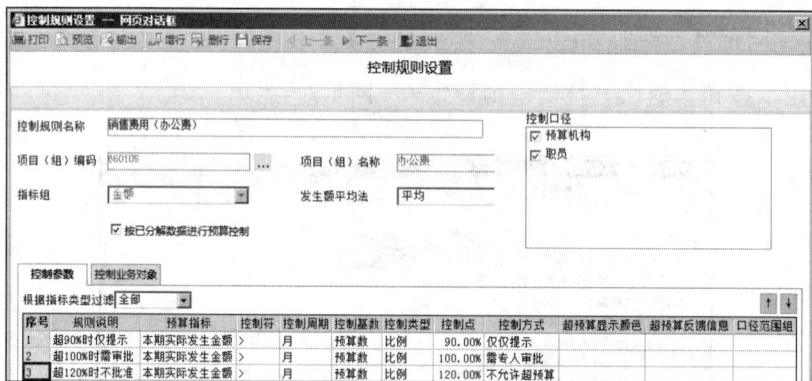

图 5-27　控制规则设置结果——"控制参数"选项卡

（4）单击"控制业务对象"选项卡，勾选"总账系统"，单击"增行"按钮，第一行的"计算符"选择"+"，单击"会计科目"栏，再单击 ⋯⋯ 按钮，弹出"控制科目参照——网页对话框"，在对话框左上角的空白文本框中输入"660105"，单击"过滤"按钮，再单击 ＞ 按钮，结果如图 5-28 所示。

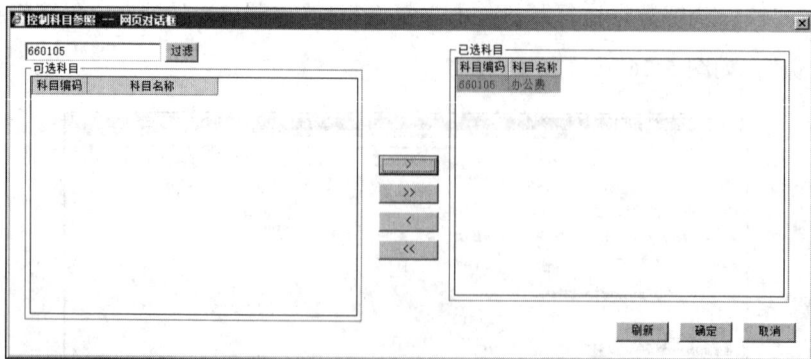

图 5-28　控制科目参照——网页对话框

（5）单击"确定"按钮，再单击"保存"按钮，结果如图 5-29 所示，退出当前对话框，返回"控制规则"窗口。

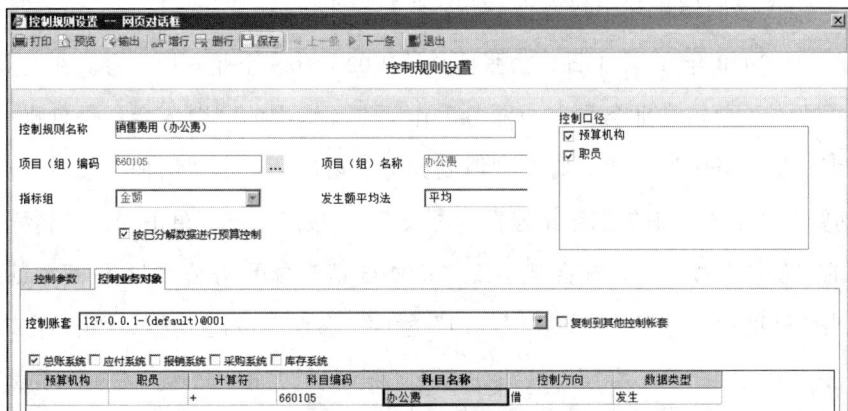

图 5-29　控制规则设置结果——"控制业务对象"选项卡

（6）启动控制规则。在"控制规则"窗口，选中"销售费用（办公费）"控制规则，单击"启动"按钮，结果如图 5-30 所示。

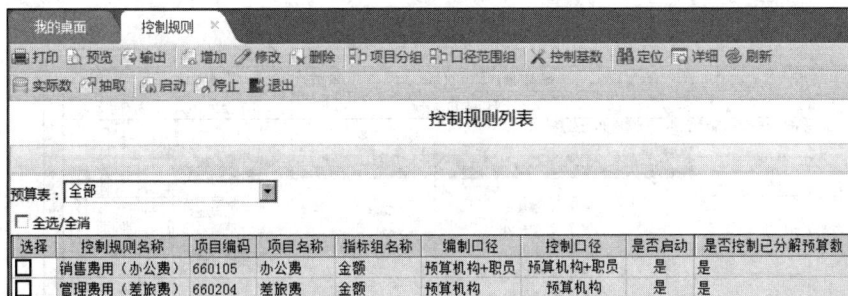

图 5-30　启动控制规则

### 2．填制凭证

**实验资料**

2020 年 1 月 3 日，销售部纪超岩报销办公费 100 元（预算 100 元），销售部胡海燕报销办公费 115 元（预算 100 元）。请在总账系统分别填制凭证。

填制销售费用
记账凭证

**实验过程**

（1）填制销售部纪超岩报销办公费的记账凭证

① 2020 年 1 月 3 日，由张博文（W02）登录企业应用平台。在企业应用平台，单击"业务导航→业务工作"选项卡中的"财务会计→总账→凭证→填制凭证"菜单，打开"填制凭证"窗口。单击"增加"按钮，在"摘要"栏输入"销售部纪超岩报销办公费"。按回车键，单击"科目名称"栏的"参照"按钮，选择会计科目"660105 销售费用/办公费"，按回车键，弹出"辅助项"对话框，单击"部门"栏的"参照"按钮，选择"销售部"，单击"个人"栏的"参照"按钮，选择"纪超岩"，按回车键，"预算项目""预算机构"和"职员"自动弹出，如图 5-31 所示。

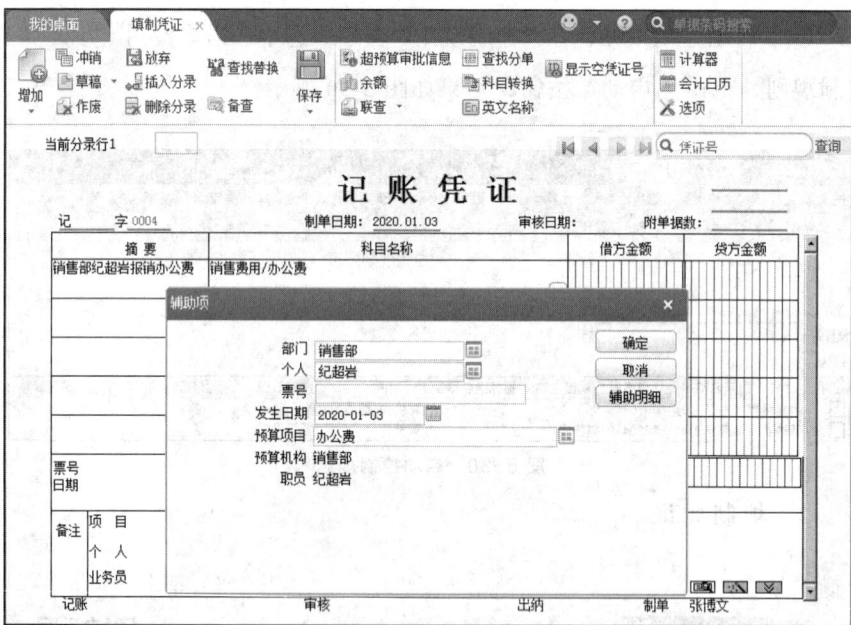

图 5-31 "辅助项"对话框

② 单击"确定"按钮，返回"填制凭证"窗口，输入借方金额 100。按回车键，在第 2 行分录的"科目名称"栏输入会计科目编码"1001"显示会计科目"库存现金"，贷方金额输入 100，单击"保存"按钮，弹出图 5-32 所示的提示框。

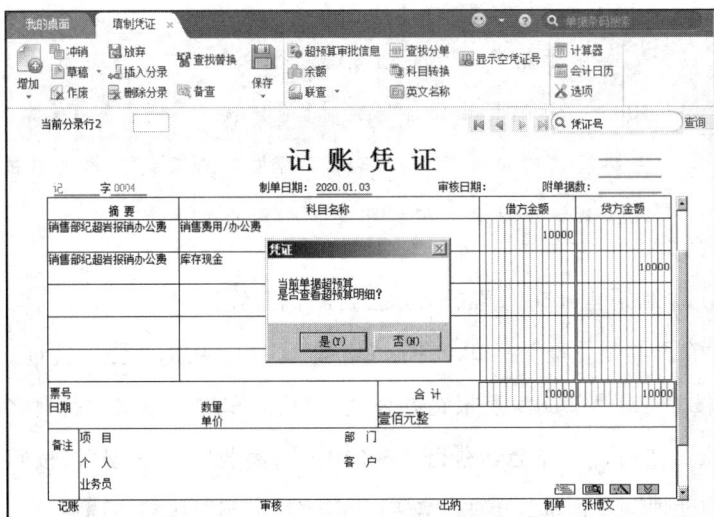

图 5-32 "超预算"提示

③ 单击"是"按钮，弹出"超预算明细"窗口，如图 5-33 所示。

图 5-33 超预算明细

④ 退出"超预算明细"窗口，系统提示"凭证已成功保存！"，单击"确定"按钮，结果如图 5-34 所示。

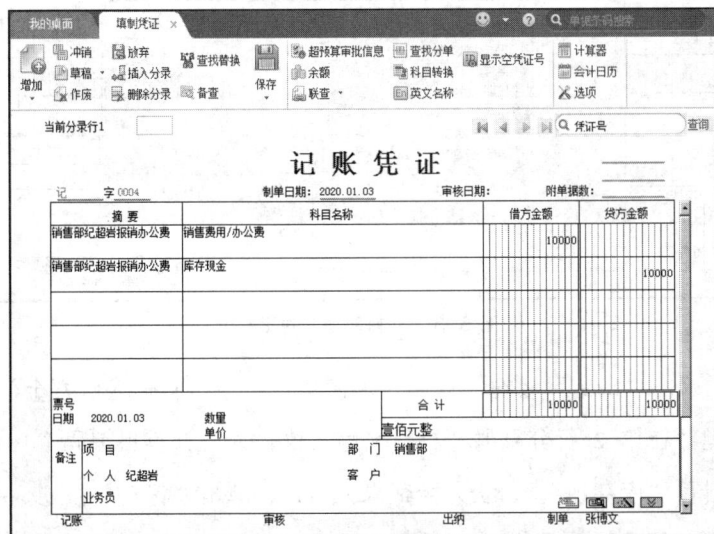

图 5-34 记账凭证

> **提示**
>
> 由于销售部纪超岩所报差旅费 100 元未超过本月预算 100 元，所以记账凭证保存时，系统提示"销售费用（办公费）"控制规则的第一行，即本期实际发生额超过预算金额的 90% 时，系统仅提示，但记账凭证仍能正常保存。

（2）填制销售部胡海燕报销办公费的记账凭证

① 在"填制凭证"窗口，单击"增加"按钮，增加一张新凭证。在"摘要"栏输入"销售部胡海燕报销办公费"。按回车键，单击"科目名称"栏的"参照"按钮，选择会计科目"660105 销售费用/办公费"，按回车键，弹出"辅助项"对话框，单击"部门"栏的"参照"按钮，选择"销售部"，单击"个人"栏的"参照"按钮，选择"胡海燕"，按回车键，"预算项目""预算机构"和"职员"自动弹出，如图 5-35 所示。

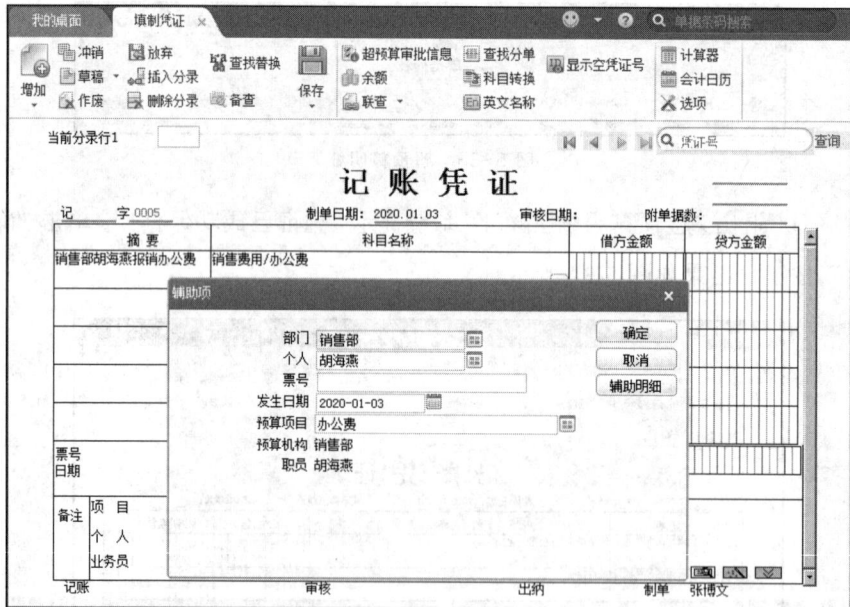

图 5-35 "辅助项"对话框

② 单击"确定"按钮，返回"填制凭证"窗口，输入借方金额 115。按回车键，在第 2 行分录的"科目名称"栏输入会计科目编码"1001"显示会计科目"库存现金"，贷方金额录入 115，单击"保存"按钮，弹出图 5-36 所示的提示框。

图 5-36　"超预算"提示

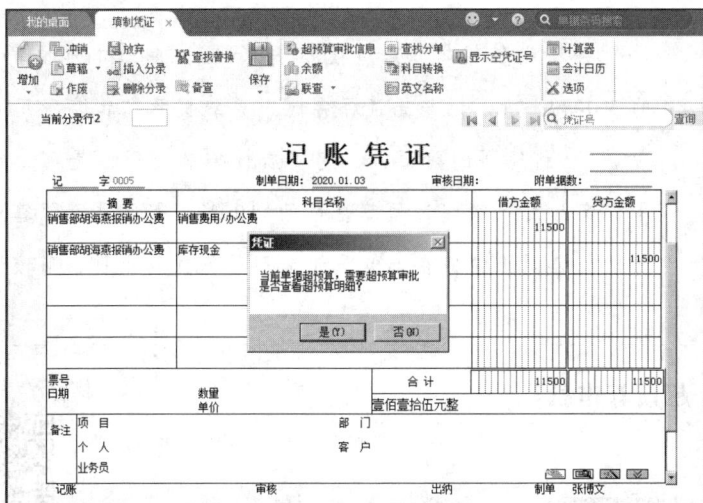

③ 单击"是"按钮，弹出"超预算明细"窗口，如图 5-37 所示。

图 5-37　"超预算明细"窗口

④ 退出"超预算明细"窗口，系统提示"凭证已成功保存！"，单击"确定"按钮，结果如图 5-38 所示。

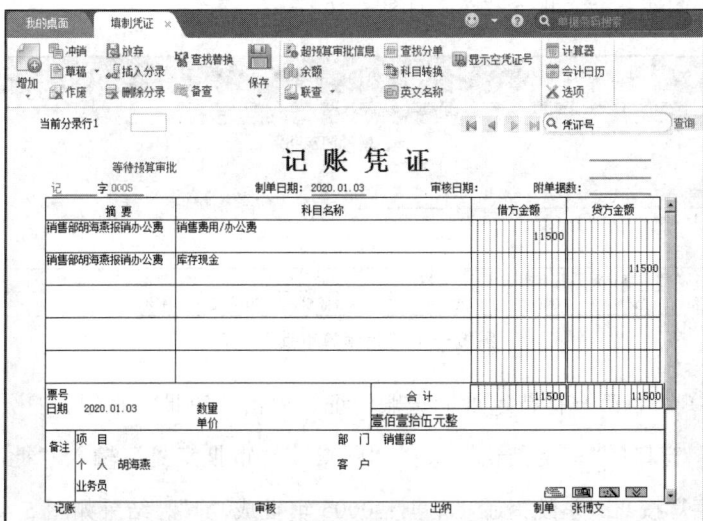

图 5-38　记账凭证

> **提示**
>
> 　　由于销售部胡海燕所报办公费 115 元超过本月预算 100 元的 100%，所以记账凭证保存时，系统提示"销售费用（办公费）"控制规则的前两行，起实质性控制作用的是第二行，即本期实际发生额超过预算金额的 100%，需要进行预算审批。虽然凭证能正常保存，但是如果不进行预算审批，则该记账凭证不能被审核。

### 3．超预算审批

**实验资料**

　　对销售部胡海燕报销办公费 115 元的记账凭证进行超预算审批。

销售费用
超预算审批

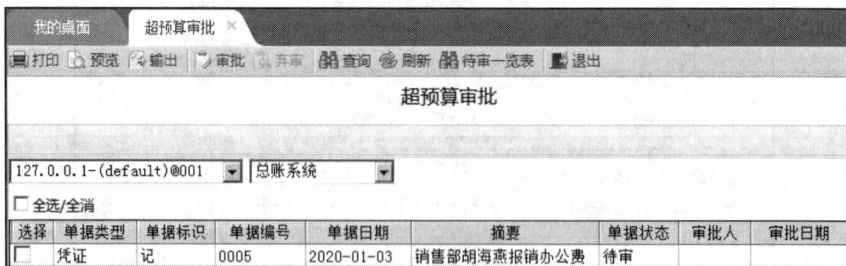

**实验过程**

　　（1）2020 年 1 月 3 日，由李梓楠（A01）登录企业信息门户。在企业信息门户，单击"业务导航→管理会计→预算管理"菜单，再单击"超预算审批"功能，打开"超预算审批"窗口。在控制账套[127.0.0.1-（default）@001]右侧选择"总账系统"，如图 5-39 所示。

| 选择 | 单据类型 | 单据标识 | 单据编号 | 单据日期 | 摘要 | 单据状态 | 审批人 | 审批日期 |
|------|---------|---------|---------|----------|------|---------|--------|---------|
| ☐ | 凭证 | 记 | 0005 | 2020-01-03 | 销售部胡海燕报销办公费 | 待审 | | |

图 5-39 "超预算审批"窗口

　　（2）选中第一行待审批的记账凭证，单击"审批"按钮，打开"超预算单据"窗口，"审批结论"选择"同意"，"审批意见"输入"批准"，单击"保存"按钮，系统提示"单据：0005 审批成功！"，结果如图 5-40 所示。

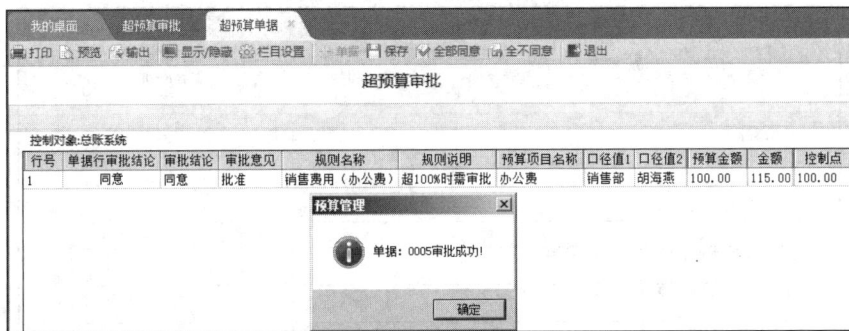

图 5-40　超预算审批成功

（3）单击"确定"按钮，关闭"超预算单据"窗口，并返回"超预算审批"窗口，最终审批结果如图 5-41 所示。

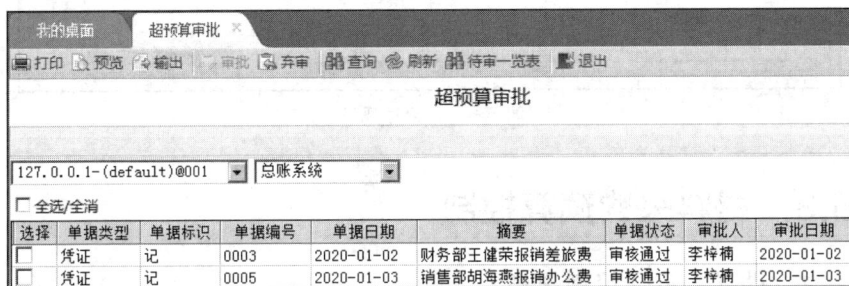

图 5-41　超预算审批结果

### 4. 查看审批通过的记账凭证

**实验资料**

到总账系统查看销售部胡海燕报销办公费 115 元的记账凭证的预算审批状态。

查看审批通过的
销售费用记账
凭证

**实验过程**

2020 年 1 月 3 日，由张博文（W02）登录企业应用平台。在企业应用平台，单击"业务导航→业务工作"页签中的"财务会计→总账→凭证→填制凭证"菜单，打开"填制凭证"窗口。查询第 5 号记账凭证，其预算审批状态如图 5-42 所示。

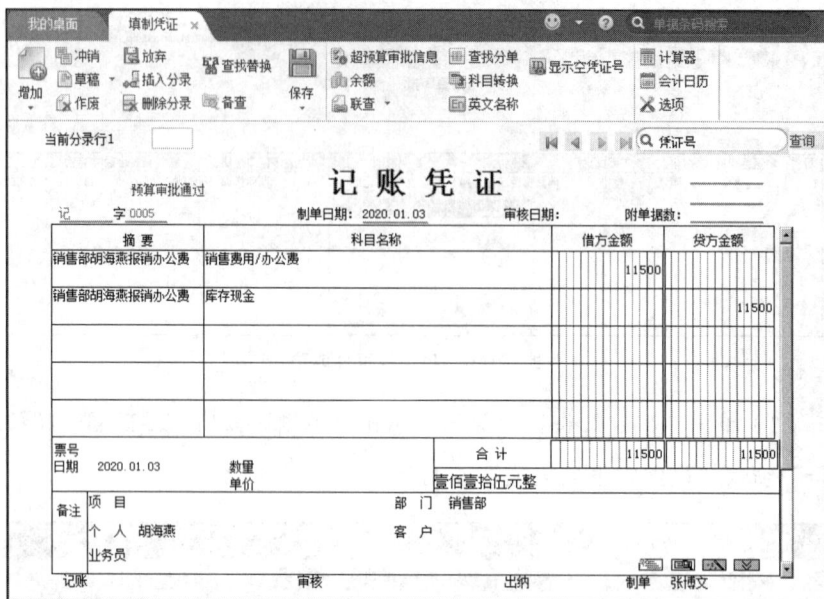

图 5-42　记账凭证

# 5.3　材料采购预算控制

## 1. 设置并启动控制规则

### 实验资料

设置材料采购的控制规则：当本期实际发生额大于预算金额的 100%时，需专人审批；本期实际发生额不允许大于预算金额的130%。设置完毕后启动该规则。

设置并启动材料采购控制规则

### 实验过程

（1）在企业信息门户，单击"业务导航→管理会计→预算管理"菜单，再单击"控制规则"功能，打开"控制规则"窗口。单击"增加"按钮，打开"控制规则设置——网页对话框"，在"控制规则名称"文本框中输入"材料采购控制规则"，单击"项目（组）编码"右侧的⋯按钮，打开"档案参照——网页对话框"，单击选中"（1001）材料采购"，如图 5-43 所示。

单击"确定"按钮，返回"控制规则设置——网页对话框"。

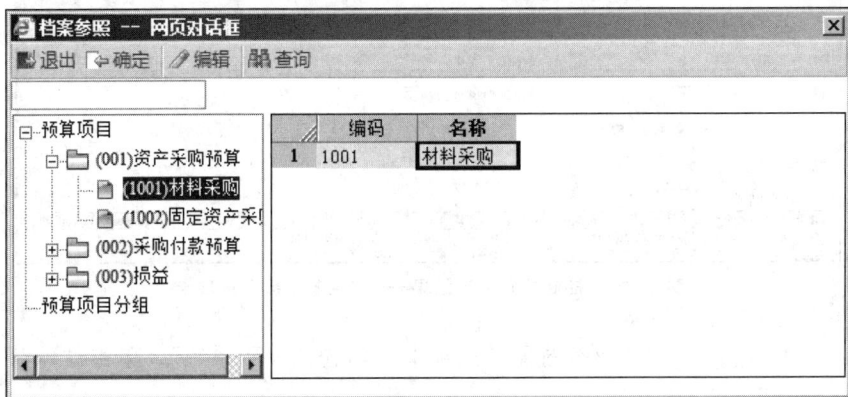

图 5-43 "档案参照——网页对话框"

（2）在"控制规则设置——网页对话框"中，"指标组"选择"金额"，勾选"按已分解数据进行预算控制"，"控制口径"勾选"预算机构""存货"，如图 5-44 所示。

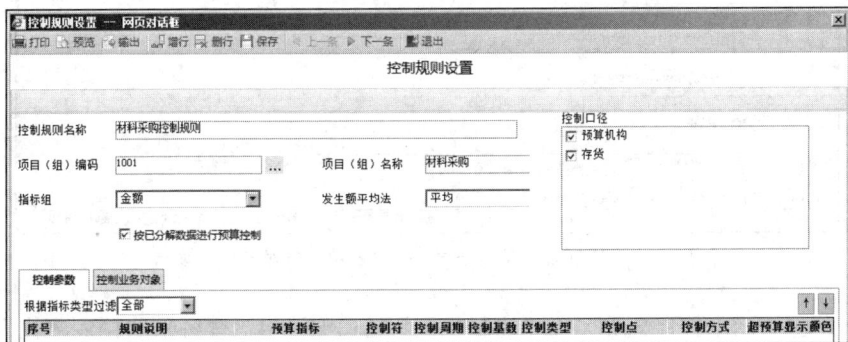

图 5-44 控制规则设置

（3）在"控制规则设置——网页对话框"的"控制参数"选项卡中单击"增行"按钮，在"规则说明"栏输入"超 100%时需审批"，"预算指标"选择"本期实际发生金额"，"控制符"选择">"，"控制周期"选择"月"，"控制基数"选择"预算数"，"控制类型"选择"比例"，"控制点"输入"1.0"，选择"控制方式""需专人审批"。单击"增行"按钮，依据实验资料参照上述方法继续完成第二行控制参数的设置，结果如图 5-45 所示。

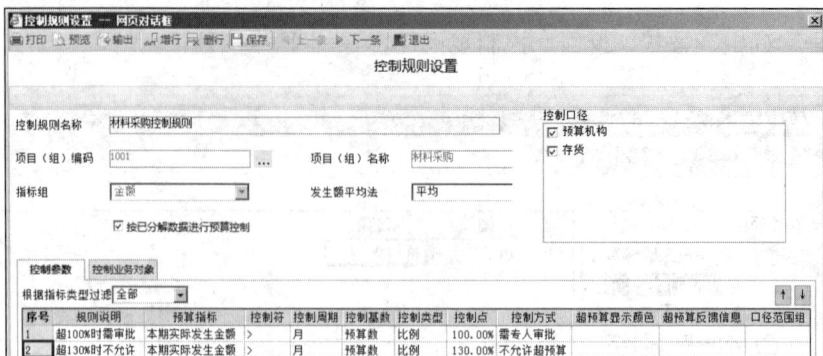

图 5-45　控制规则设置结果——"控制参数"选项卡

（4）单击"控制业务对象"选项卡，勾选"采购系统"，单击"保存"
按钮，系统提示"保存成功！"，单击"确定"按钮，结果如图 5-46 所示，
退出当前对话框，返回"控制规则"窗口。

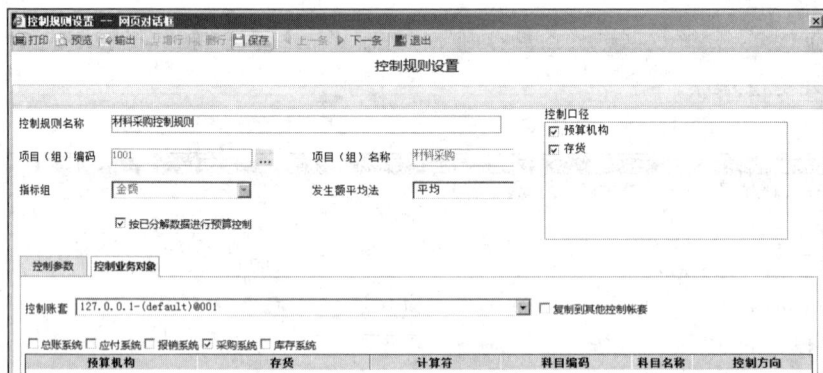

图 5-46　控制规则设置结果——"控制业务对象"选项卡

（5）启动控制规则。在"控制规则"窗口，选中"材料采购控制规则"，
单击"启动"按钮，结果如图 5-47 所示。

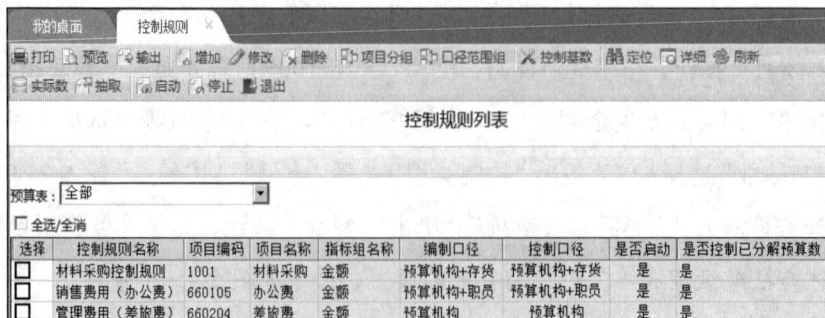

图 5-47　启动控制规则

## 2．填制请购单

### 实验资料

填制请购单

2020 年 1 月 5 日，采购部赵子晨申请从湖北艺歌采购天然橡胶 40 000 千克，无税单价 12.45 元（预算 9 450 000 元）；采购防焦剂 10 000 千克，无税单价 22.6 元（预算 226 000 元）。材料需求日期为 2020 年 1 月 7 日。

### 实验过程

（1）2020 年 1 月 5 日，由赵子晨（G01）登录企业应用平台。在企业应用平台，单击"业务导航→业务工作"页签中的"供应链→采购管理→请购→请购单"菜单，打开"采购请购单"窗口。单击工具栏的"增加"按钮，"请购部门"选择"采购部"，"请购人员"选择"赵子晨"，"采购类型"选择"正常采购"。表体第 1 行的"存货编码"选择"102"，"数量"输入"40000"，"本币单价"输入"12.45"，"需求日期"选择"2020-01-07"，"供应商"选择"湖北艺歌"，"预算项目编码"输入"1001"。根据实验资料按上述方法录入第 2 行的货物信息。单击工具栏的"保存"按钮，系统弹出图 5-48 所示的提示框。

图 5-48 "超预算"提示

（2）单击"是"按钮，弹出"超预算明细"窗口，如图 5-49 所示。

图 5-49　超预算明细

（3）退出"超预算明细"窗口，采购请购单保存成功，结果如图 5-50 所示。

图 5-50　采购请购单

> 💡提示
>
> 本次申请采购的天然橡胶价税合计 562 800 元，远低于预算 9 450 000 元，根据设置的控制规则，该行采购信息无任何预算信息提示。
>
> 本次申请采购的防焦剂价税合计 255 400 元，超过预算金额 226 000 元，根据设置的控制规则，实际发生额超过预算金额的 100%，需要进行预算审批。
>
> 虽然该采购请购单能正常保存，但是如果不进行预算审批，则该请购单不能被审核。如果单击工具栏的"审核"按钮，则会弹出图 5-51 所示的提示框。
>
> 
>
> 图 5-51　采购请购单审核不成功

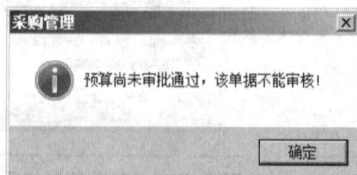

### 3．超预算审批

**实验资料**

材料采购
超预算审批

对采购部赵子晨采购天然橡胶、防焦剂的采购请购单
进行超预算审批。

**实验过程**

（1）2020 年 1 月 5 日，由李梓楠（A01）登录企业信息门户。在企业
信息门户，单击"业务导航→管理会计→预算管理"菜单，再单击"超预
算审批"，打开"超预算审批"窗口。在控制账套[127.0.0.1-（default）@001]
右侧选择"采购系统"，如图 5-52 所示。

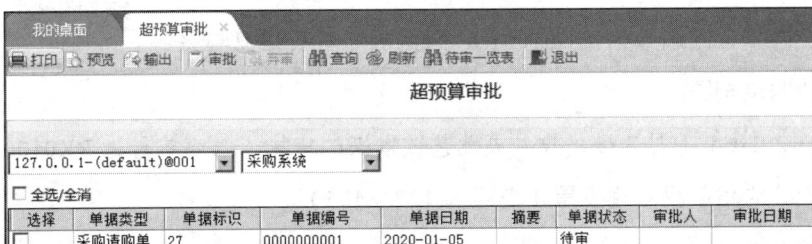

图 5-52　"超预算审批"窗口

（2）选中第一行待审批的采购请购单，单击"审批"按钮，打开"超
预算单据"窗口，"审批结论"选择"同意"，"审批意见"输入"批准"，
单击"保存"按钮，系统提示"单据：0000000001 审批成功！"，结果如图
5-53 所示。

图 5-53　超预算审批成功

（3）单击"确定"按钮，关闭"超预算单据"窗口，并返回"超预算审批"窗口，最终审批结果如图 5-54 所示。

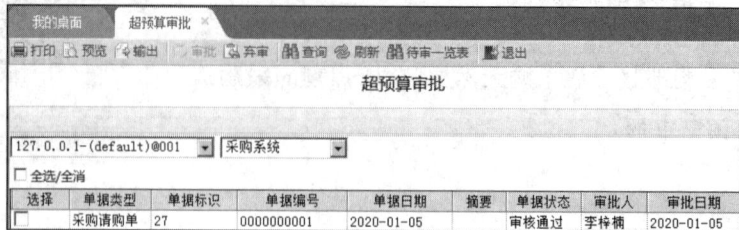

图 5-54　超预算审批结果

### 4. 后续采购处理

**实验资料**

2020 年 1 月 6 日，采购部赵子晨与湖北艺歌签订购销合同（合同编号为 CG01001），采购的原材料信息与采购请购单相同。

后续采购处理

2020 年 1 月 7 日，收到湖北艺歌发来的货物（入库单号为 RK01001）和开具的增值税专用发票（票号为 12738405）。

**实验过程**

（1）参照请购单生成采购订单

① 2020 年 1 月 6 日，由赵子晨（G01）登录企业应用平台。单击"业务导航→业务工作"页签中的"供应链→采购管理→请购→请购单"菜单，打开"采购请购单"窗口。单击工具栏的"审核"按钮，再单击工具栏的"订货"按钮，打开"采购请购单批量订货"窗口，如图 5-55 所示。

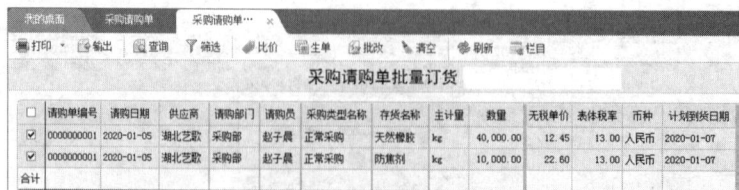

图 5-55　请购单批量生单

② 单击"生单"按钮,弹出图 5-56 所示的对话框。

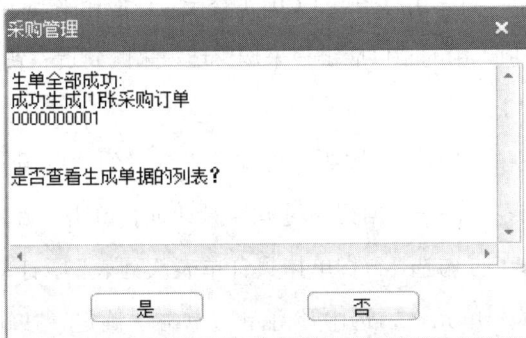

图 5-56 生单成功提示

③ 单击"是"按钮,打开采购订单列表,结果如图 5-57 所示。

图 5-57 采购订单列表

④ 双击第一行采购订单打开"采购订单"窗口,单击"修改"按钮,表头"订单编号"修改为"CG01001","业务员"选择"赵子晨",单击"保存""审核"按钮,结果如图 5-58 所示。

图 5-58 采购订单

（2）参照采购订单生成到货单

2020 年 1 月 7 日，由赵子晨（G01）登录企业应用平台。单击"业务导航→业务工作"选项卡中的"供应链→采购管理→采购到货→到货单"菜单，打开"到货单"窗口。

单击工具栏的"增加"按钮，再执行工具栏的"参照→采购订单"命令，打开"查询条件——单据列表过滤"对话框，单击"确定"按钮，弹出"拷贝并执行"窗口。勾选"到货单拷贝订单表头列表"中订单号"CG01001"最左侧的"选择"单元格，选中该订单，单击"确定"按钮，返回"到货单"窗口，生成一张到货单。单击工具栏的"保存""审核"按钮，结果如图 5-59 所示。

图 5-59　到货单

（3）参照到货单生成采购入库单

2020 年 1 月 7 日，由冯艳琪（C01）登录企业应用平台。单击"业务导航→业务工作"选项卡中的"供应链→库存管理→采购入库→采购入库单"菜单，打开"采购入库单"窗口。

执行"增加→采购→采购到货单"命令，打开"查询条件——采购到货单列表"对话框，单击"确定"按钮，打开"到货单生单列表"窗口。选中第一张到货单，再单击工具栏的"确定"按钮，返回"采购入库单"窗口。

修改采购入库单表头的"入库单号"为"RK01001"，"仓库"选择"原材料仓"，其他项默认。保存并审核该采购入库单，结果如图 5-60 所示。

图 5-60　采购入库单

（4）参照采购入库单生成采购专用发票

2020 年 1 月 7 日，由赵子晨（G01）登录企业应用平台。单击"业务导航→业务工作"选项卡中的"供应链→采购管理→采购发票→专用采购发票"菜单，打开"专用发票"窗口。

单击工具栏的"增加"按钮，再执行工具栏的"增加→入库单"命令，打开"查询条件——单据列表过滤"对话框，单击"确定"按钮，弹出"拷贝并执行"窗口。

在"拷贝并执行"窗口，选择 RK01001 号入库单对应的"选择"栏，然后单击工具栏的"确定"按钮，返回"专用发票"窗口。

根据实验资料，修改表头项目"发票号"为"12738405"，其他项默认。单击工具栏的"保存""复核"和"结算"按钮，结果如图 5-61 所示。

（5）审核发票并制单处理

① 2020 年 1 月 7 日，由赵子晨（G01）登录企业应用平台。单击"业务导航→业务工作"选项卡中的"财务会计→应付款管理→应付处理→采购发票→采购发票审核"菜单，打开"专用发票"窗口。单击左侧的"查询"按钮，选中"12738405"号发票，单击"审核"按钮，系统完成审核并给出审核报告，单击"确定"按钮。关闭当前窗口。

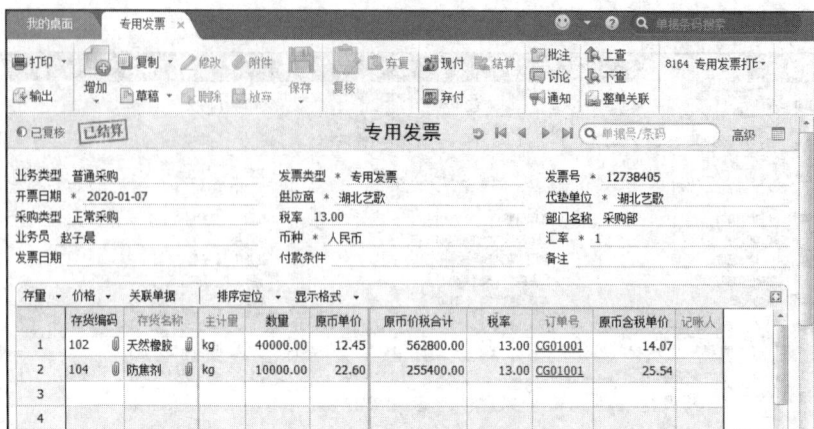

图 5-61　采购专用发票

② 单击"凭证处理→生成凭证"菜单，打开"制单查询"对话框，单击"确定"按钮，打开"制单"窗口。依次单击"全选""制单"按钮，生成一张记账凭证，单击"保存"按钮，结果如图 5-62 所示。关闭当前已打开窗口。

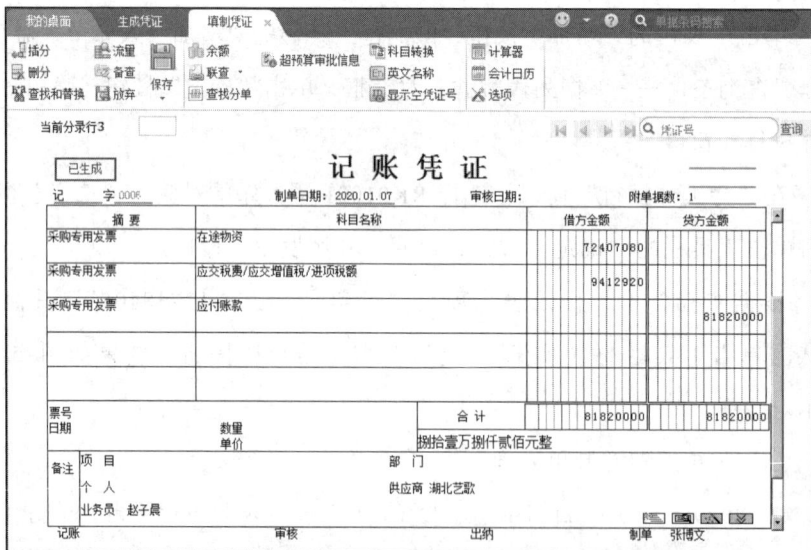

图 5-62　记账凭证

（6）正常单据记账并生成凭证

① 正常单据记账。在供应链的"存货核算"子系统，依次双击"业务核算→正常单据记账"菜单，打开"未记账单据一览表"窗口。单击窗口左侧的"查询"按钮，选中 RK01001 号采购入库单，单击工具栏的"记账"

按钮，系统弹出信息框提示记账成功，单击"确定"按钮，完成记账工作，退出该窗口。

② 生成凭证。依次双击"存货核算"子系统的"财务核算→生成凭证"菜单，打开"生成凭证"窗口。单击工具栏的"选单"按钮，弹出"查询条件——生成凭证查询条件"对话框，单击"确定"按钮，打开"选择单据"窗口，单击工具栏的"全选"按钮，选中已记账的采购入库单，再单击工具栏的"确定"按钮，关闭"选择单据"窗口并返回"生成凭证"窗口，单击工具栏的"合并制单"按钮，打开"填制凭证"窗口并自动生成凭证。单击工具栏的"保存"按钮，结果如图 5-63 所示。关闭并退出窗口。

图 5-63　记账凭证

# 5.4　采购付款预算控制

## 1. 设置并启动控制规则

**实验资料**

设置并启动采购
付款控制规则

设置采购付款的控制规则为：当本期实际发生额大于预算金额的 100% 时，需专人审批；本期实际发生额不允许大于预算金额的 120%。设置完毕后启动该规则。

**实验过程**

（1）在企业信息门户，单击"业务导航→管理会计→预算管理"菜单，再单击"控制规则"功能，打开"控制规则"窗口。单击"增加"按钮，打开"控制规则设置——网页对话框"，"控制规则名称"文本框中输入"采购付款控制规则"，单击"项目（组）编码"右侧的...按钮，打开"档案参照——网页对话框"，单击选中"（2001）采购付款"，如图5-64 所示。单击"确定"按钮，返回"控制规则设置——网页对话框"。

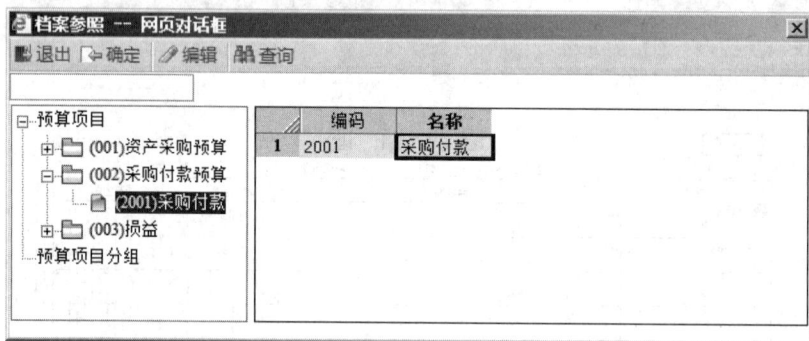

图 5-64　档案参照——网页对话框

（2）在"控制规则设置——网页对话框"中，"指标组"选择"金额"，勾选"按已分解数据进行预算控制"，"控制口径"勾选"预算机构"，如图5-65 所示。

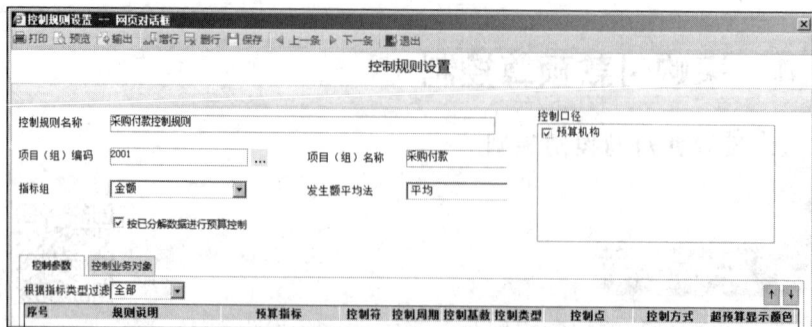

图 5-65　控制规则设置

（3）在"控制规则设置——网页对话框"的"控制参数"选项卡中单

击"增行"按钮,"规则说明"栏输入"超 100%时需审批","预算指标"选择"本期实际发生金额","控制符"选择">","控制周期"选择"月","控制基数"选择"预算数","控制类型"选择"比例","控制点"输入"1.0",选择"控制方式""需专人审批"。单击"增行"按钮,依据实验资料参照上述方法继续完成第二行控制参数的设置,结果如图 5-66 所示。

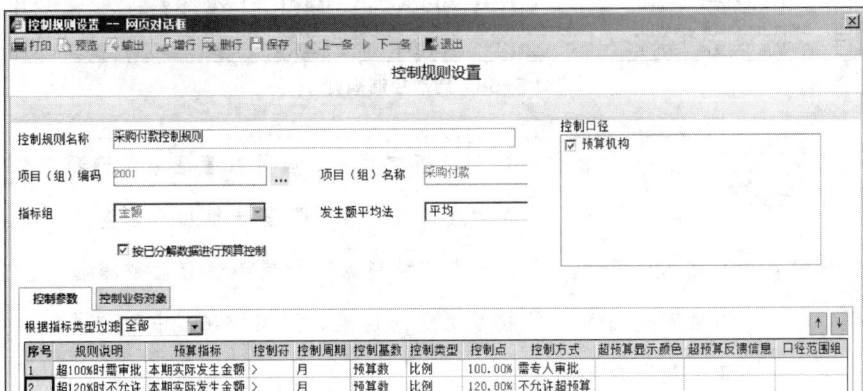

**图 5-66 控制规则设置结果——"控制参数"选项卡**

(4)单击"控制业务对象"选项卡,勾选"应付系统",单击"保存"按钮,系统提示"保存成功!",单击"确定"按钮,结果如图 5-67 所示,退出当前对话框,返回"控制规则"窗口。

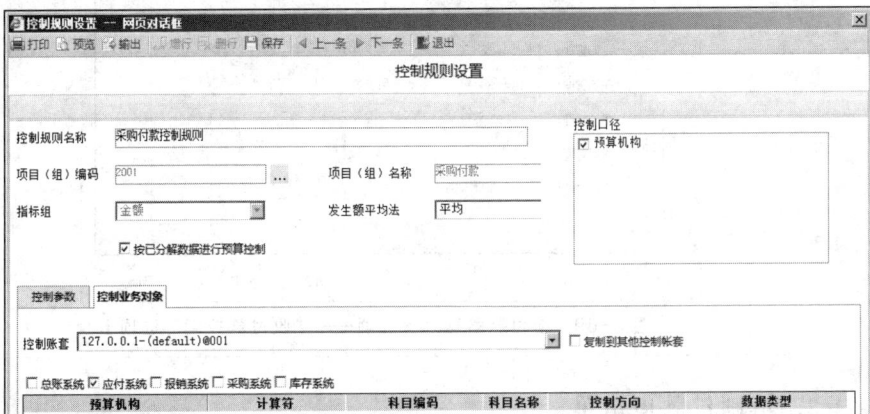

**图 5-67 控制规则设置结果——"控制业务对象"选项卡**

(5)启动控制规则。在"控制规则"窗口,选中"采购付款控制规则",单击"启动"按钮,结果如图 5-68 所示。

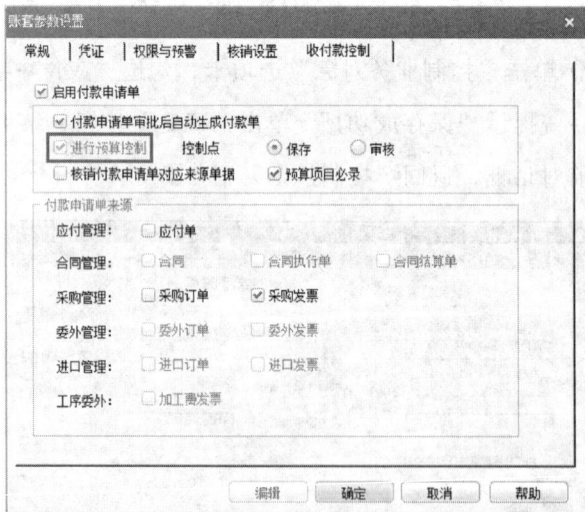

图 5-68　启动控制规则

> 采购付款控制规则设置完成后，应付款管理系统选项"收付款控制"选项卡的"进行预算控制"复选框项自动勾选，如图 5-69 所示。后续可将"控制点"设置为保存时或审核时。如果不进行采购付款控制规则设置，则图 5-69 中的"进行预算控制"项不可选。

图 5-69　应付款管理系统选项——"收付款控制"选项卡

## 2．填制付款申请单

**实验资料**

2020 年 1 月 8 日，采购部赵子晨申请向湖北艺歌支

填制付款申请单

付 CG01001 号合同货款 818 200 元,结算方式为电汇,预计付款日期为 2020 年 1 月 9 日。

**实验过程**

（1）2020 年 1 月 8 日,由赵子晨（G01）登录企业应用平台。在企业应用平台,单击"业务导航→业务工作"选项卡中的"供应链→采购管理→付款申请→付款申请单"菜单,打开"付款申请单录入"窗口。执行工具栏的"增加→采购发票"命令,弹出"查询条件——采购发票列表过滤"对话框,单击"确定"按钮,打开"拷贝并执行"窗口,选择"12738405"号发票,单击"确定"按钮,返回"付款申请单录入"窗口。

（2）付款申请单表头"结算方式"选择"电汇",表体"预算项目"选择"采购付款","预计付款日期"为"2020-01-09",结果如图 5-70 所示。

图 5-70 付款申请单

（3）单击"保存"按钮,弹出图 5-71 所示的提示框。

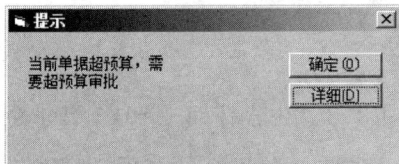

图 5-71 超预算提示

（4）单击"确定"按钮弹出"明细联查"窗口,如图 5-72 所示。退出"明细联查"窗口,付款申请单保存成功。

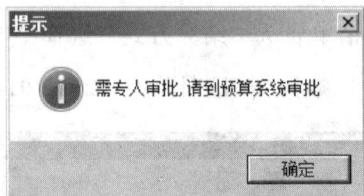

| 序号 | 规则名称 | 规则说明 | 预算项目名称 | 口径值1 | 指标 | 预算 | 预算占用 | 可用预算 | 金额 | 预算金额差异数据（预算-实际） | 控制点 |
|---|---|---|---|---|---|---|---|---|---|---|---|
| □1 | 采购付款控制规则 | 超100%时需审批 | 采购付款 | 采购部 | 本期实际发生金额 | 700000.00 | 562800.00 | 137200.00 | 255400.00 | -16.89% | 700000.00 |

图 5-72　超预算明细

提示

> 本次申请采购付款 818 200 元，超过预算金额 700 000 元，根据设置的控制规则，实际发生额超过预算金额的 100%，需要进行预算审批。
>
> 虽然该付款申请单能正常保存，但是如果不进行预算审批，则该付款申请单不能被审核。如果单击工具栏的"审核"按钮，则弹出图 5-73 所示的提示框。

> **提示**
>
> ⓘ 需专人审批，请到预算系统审批
>
> [确定]

图 5-73　预算待审批

### 3. 超预算审批

**实验资料**

对采购部赵子晨申请向湖北艺歌支付 818 200 元货款的付款申请单进行超预算审批。

采购付款
超预算审批

**实验过程**

（1）2020 年 1 月 8 日，由李梓楠（A01）登录企业信息门户。在企业信息门户，单击"业务导航→管理会计→预算管理"菜单，再单击"超预算审批"功能，打开"超预算审批"窗口。在控制账套[127.0.0.1-（default）@001]右侧选择"应付系统"，如图 5-74 所示。

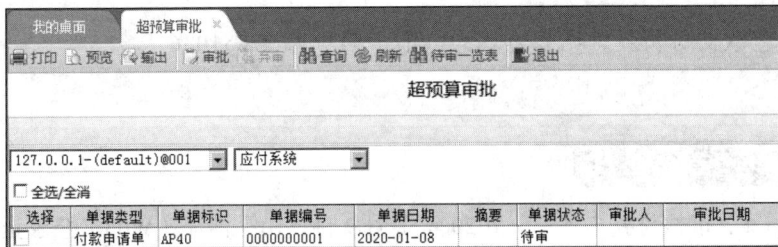

图 5-74　超预算审批

（2）选中第一行待审批的付款申请单，单击"审批"按钮打开"超预算单据"窗口，"审批结论"选择"同意"，"审批意见"输入"批准"，单击"保存"按钮，系统提示"单据：0000000001 审批成功！"，结果如图 5-75 所示。

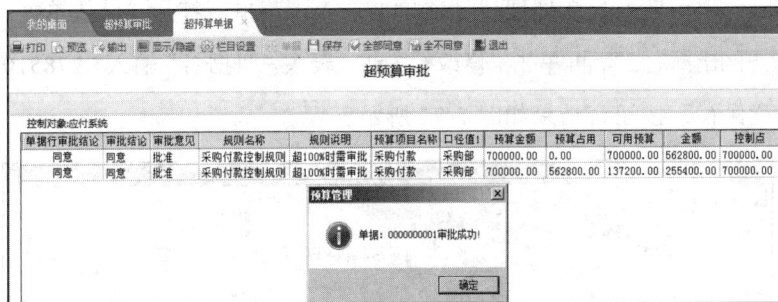

图 5-75　超预算审批成功

（3）单击"确定"按钮，关闭"超预算单据"窗口，并返回"超预算审批"窗口，最终审批结果如图 5-76 所示。

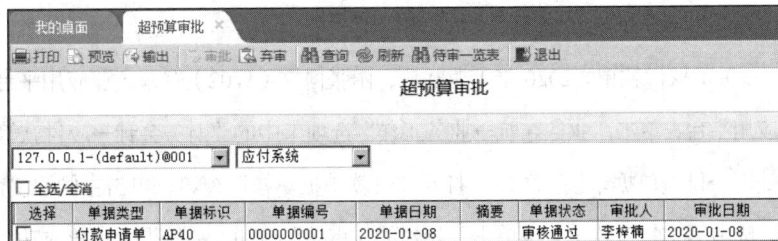

图 5-76　超预算审批结果

### 4. 后续付款处理

**实验资料**

2020 年 1 月 9 日，财务部马浩洋根据付款申请单向

后续付款处理

湖北艺歌支付货款，结算方式为电汇，票号为 27851036。

**实验过程**

（1）审核付款申请单。2020 年 1 月 9 日，由马浩洋（W03）登录企业应用平台。在企业应用平台，单击"业务导航→业务工作"选项卡中的"财务会计→应付款管理→付款申请→付款申请单审核"菜单，打开"付款申请单审核"窗口。单击左侧的"查询"按钮，选中第 1 张付款申请单，再单击工具栏的"审核"按钮，系统提示审核成功，单击"确定"按钮，完成审核工作。

（2）修改付款单。单击"业务导航→业务工作"选项卡中的"财务会计→应付款管理→付款处理→付款单据录入"菜单，打开"付款单据录入"窗口。单击"末张"，再单击"修改"按钮，表头"票据号"输入"27851036"，单击"保存"按钮，结果如图 5-77 所示。

图 5-77 付款单

（3）审核付款单。2020 年 1 月 9 日，由张博文（W02）登录企业应用平台。在企业应用平台，单击"业务导航→业务工作"选项卡中的"财务会计→应付款管理→付款处理→付款单据审核"菜单，打开"付款单据审核"窗口，单击左侧的"查询"按钮，选中第 1 张付款单，再单击工具栏的"审核"按钮，系统提示审核成功，单击"确定"按钮，完成审核工作。

（4）手工核销处理。在企业应用平台，单击"业务导航→业务工作"选项卡中的"财务会计→应付款管理→核销处理→手工核销"菜单，弹出"核销条件"对话框，"供应商"选择"湖北艺歌"，单击"确定"按钮，打开"手工核销"窗口。在采购专用发票的"本次结算"栏输入"818200"，结果如图 5-78 所示。单击"确认"按钮，完成核销处理。

图 5-78 手工核销

（5）生成记账凭证。在企业应用平台，单击"业务导航→业务工作"选项卡中的"财务会计→应付款管理→凭证处理→生成凭证"菜单，弹出"制单查询"对话框，勾选"收付款单"，单击"确定"按钮，打开"生成凭证"窗口。依次单击"全选""制单"按钮，生成一张记账凭证，单击"保存"按钮，结果如图 5-79 所示。

图 5-79 记账凭证

# 5.5 控制报告

**实验资料**

查询天然橡胶材料采购预算的控制报告。

查询控制报告

**实验过程**

（1）在企业信息门户，单击"业务导航→管理会计→预算管理"菜单，再单击"控制报告"功能，打开"控制报告"窗口，同时弹出"控制报告查询方案"网页对话框。"责任中心口径 1 类型"选择"预算机构"，单击"编码"右侧的...按钮，弹出"档案参照——网页对话框"，选择"（004）采购部"，如图 5-80 所示。

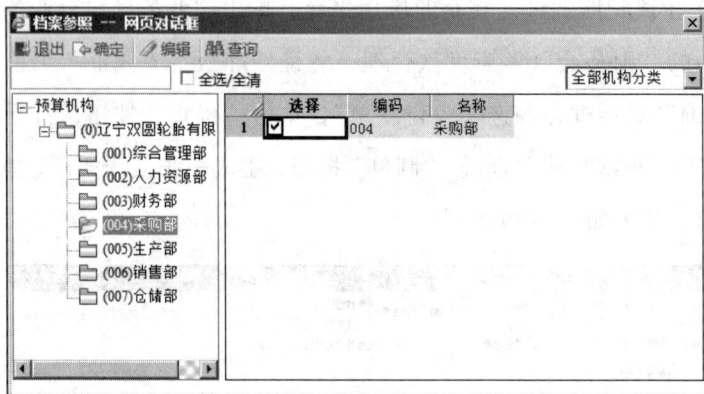

图 5-80　档案参照——网页对话框

（2）单击"确定"按钮，返回"控制报告查询方案"对话框。"责任中心口径 2 类型"选择"存货"，单击"编码"右侧的...按钮，弹出"档案参照——网页对话框"，选择"102 天然橡胶"，如图 5-81 所示。

图 5-81　"辅助项"对话框

（3）单击"确定"按钮，返回"控制报告查询方案——网页对话框"。"指标组"选择"金额"，单击"项目查询"按钮，单击对话框左侧的"1001材料采购"项目，再单击>按钮。单击工具栏中的"保存"按钮，完成控制报告查询方案的设置，结果如图 5-82 所示。退出该对话框。

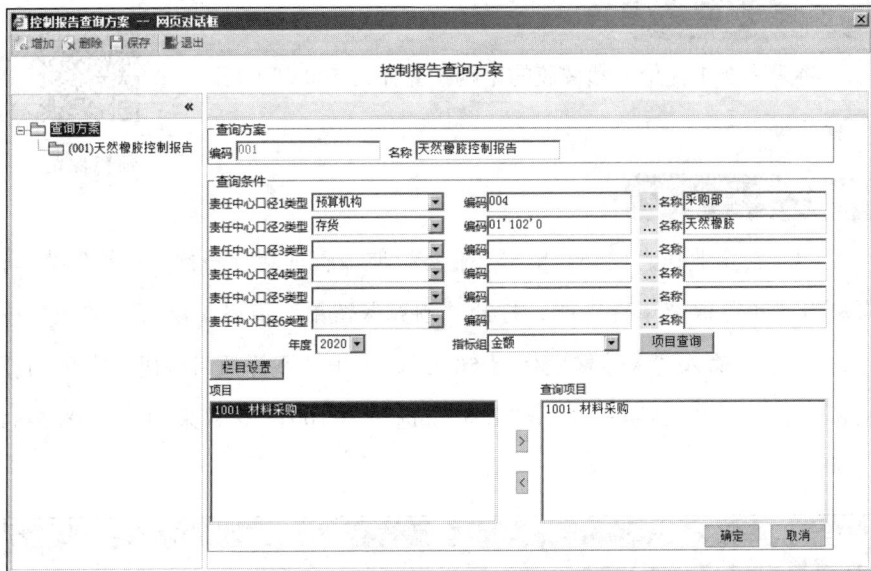

图 5-82　控制报告查询方案——网页对话框

（4）单击对话框左侧"（001）天然橡胶控制报告"，再单击"确定"按钮，天然橡胶材料采购预算的控制报告结果如图 5-83 所示。

图 5-83　控制报告

## 5.6 预算保留

实验资料

将采购部 1 月份天然橡胶的采购预算保留 500 000 元。

预算保留

实验过程

（1）在企业信息门户，单击"业务导航→管理会计→预算管理"菜单，再单击"预算保留单"功能，打开"预算保留单"窗口。单击"增加"按钮，"摘要"输入"天然橡胶保留 50 万"，单击"预算项目编码"右侧的 ▣ 按钮，弹出"档案参照—网页对话框"，选择"（1001）材料采购"，如图 5-84 所示。

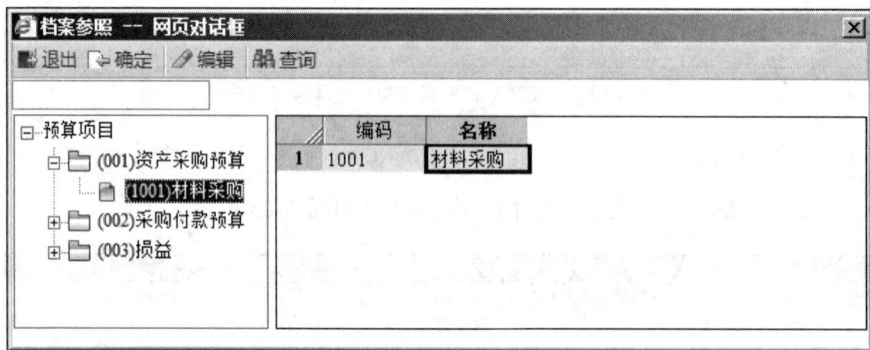

图 5-84　档案参照——预算项目

（2）单击"确定"按钮，返回"预算保留单"窗口。单击"口径内容 1"右侧的▣按钮，弹出"档案参照——网页对话框"，选择"004 采购部"，如图 5-85 所示。

（3）单击"确定"按钮，返回"预算保留单"对话框。单击"口径内容 2"右侧的▣按钮，弹出"档案参照——网页对话框"，选择"102 天然橡胶"，如图 5-86 所示。

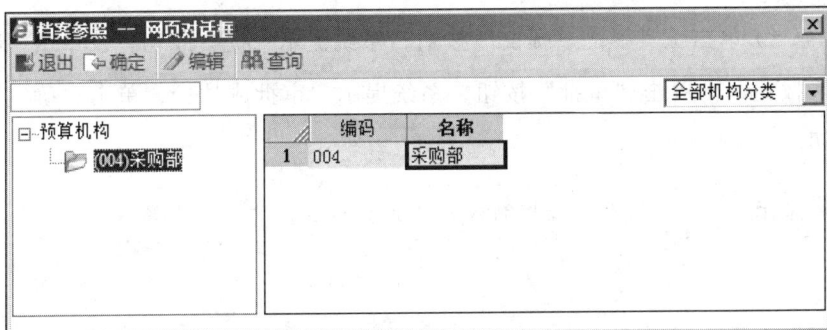

图 5-85 档案参照——预算机构

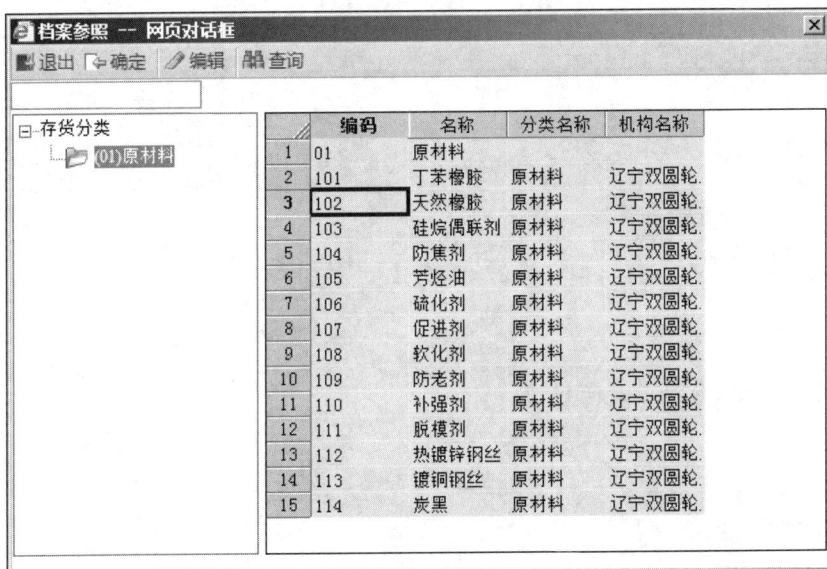

图 5-86 档案参照——存货分类

（4）单击"确定"按钮，返回"预算保留单"窗口。"周期"选择"1月"，"保留额"输入"500000"，单击"保存"按钮，系统提示"保存成功！"，单击"确定"按钮，结果如图 5-87 所示。

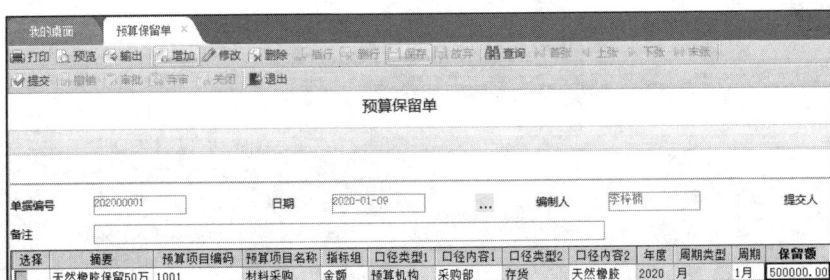

图 5-87 预算保留单

（5）单击工具栏的"提交"按钮，系统提示"提交成功！"，单击"确定"按钮，再单击"审批"按钮，系统提示"审批成功！"，单击"确定"按钮。

提示　　只有设置控制规则的预算项目，才可以做预算保留。

# 第6章
# 预算分析

## 6.1 获取执行数

预算分析是指将编制的预算数据与预算实际执行数进行对比。实际执行数有两个来源：执行数公式提取和手工录入。对于无法获取的数据可以手工录入。系统提供了"执行数录入""执行数抽取""抽取方案"功能分别用于完成手工录入与抽取、手工抽取、自动抽取供用户选择。

### 1. 设置抽取方案

**实验资料**

设置 2020 年 1 月的抽取方案。方案名称为：管理费用执行数抽取，抽取的项目范围为 660204 差旅费。

设置抽取方案

**实验过程**

（1）在企业信息门户，单击"业务导航→管理会计→预算管理"菜单，再单击"抽取方案"功能，打开"抽取方案"窗口。单击"增加"按钮，"方案名称"输入"管理费用执行数抽取"，勾选"是否启用"，"结束期间"选择"1月"，如图 6-1 所示。

图 6-1 抽取方案——"抽取计划"选项卡

（2）单击"项目范围"选项卡，选择"（660204）差旅费"项目，如图 6-2 所示。

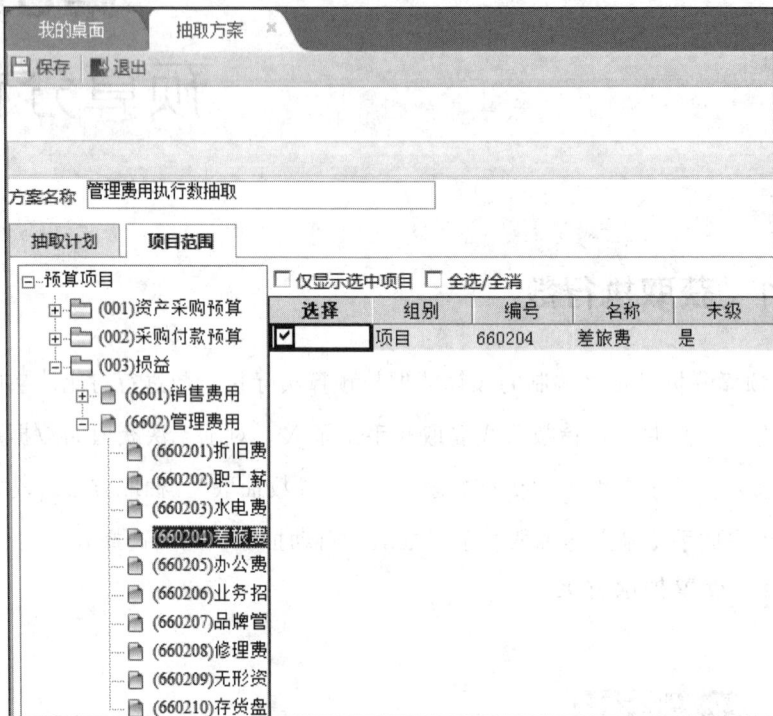

图 6-2　抽取方案——"项目范围"选项卡

（3）单击"保存"按钮，结果如图 6-3 所示。

图 6-3　抽取方案

## 2．执行数抽取

对"管理费用执行数抽取"方案进行执行数抽取。

执行数抽取

## 实验过程

（1）在企业信息门户，单击"业务导航→管理会计→预算管理"菜单，再单击"执行数抽取"功能，打开"执行数抽取"窗口，如图 6-4 所示。

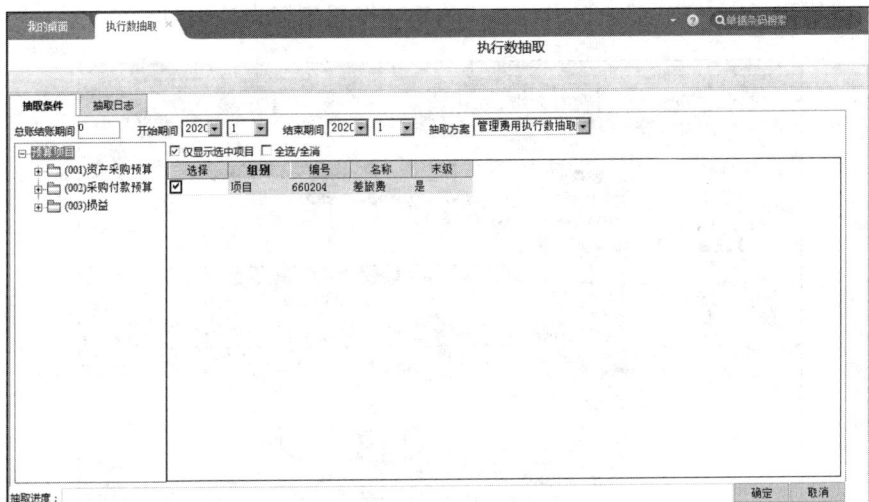

图 6-4　执行数抽取——"抽取条件"选项卡

（2）单击"确定"按钮，系统提示"是否开始执行数据抽取？"，单击"是"按钮，系统提示"抽取完成"，单击"确定"按钮，系统显示图 6-5 所示的抽取日志。

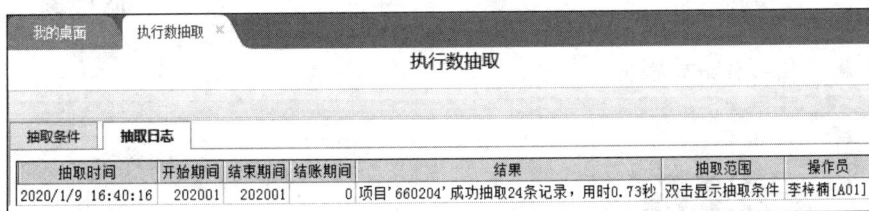

图 6-5　执行数抽取——"抽取日志"选项卡

### 3．查看执行数抽取后的预算表

## 实验资料

查看执行数抽取后的人力资源部的管理费用预算表。

查看执行数抽取
后的预算表

**实验过程**

在企业信息门户，单击"业务导航→管理会计→预算管理"菜单，再单击"编制预算"功能，打开"编制预算"窗口。单击"人力资源部→管理费用预算表→确定"，调出该部门的管理费用预算表，如图 6-6 所示。

图 6-6　执行数抽取后的预算表

# 6.2　执行情况分析

执行情况分析基本流程为：执行分析表设计→指定分析机构→分析表查询。

执行情况分析

**实验资料**

① 参照"管理费用预算表"生成"管理费用预算执行分析表"，编码为"glfyysb-zx"。其中"栏目"只包括预算数、执行数、实际差异和实际差异率。

② 指定"管理费用预算执行分析表"的分析机构为综合管理部、人力资源部、财务部和采购部。

③ 试查询人力资源部的"管理费用预算执行分析表"。

**实验过程**

（1）执行分析表设计

① 在企业信息门户，单击"业务导航→管理会计→预算管理"菜单，再单击"执行分析表设计"功能，打开"执行分析表设计"窗口。单击工具栏的"参照生成"按钮，弹出"参照生成——网页对话框"，选择"管理费用预算表"，如图 6-7 所示。

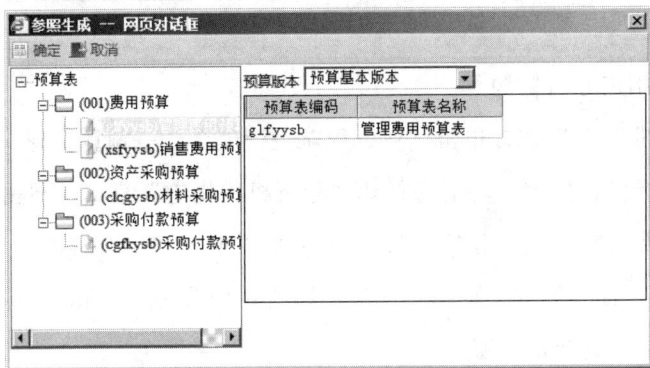

图 6-7　参照生成——网页对话框

② 单击"确定"按钮，修改"编码"为"glfyysb-zx"，修改"名称"为"管理费用预算执行分析表"，如图 6-8 所示。

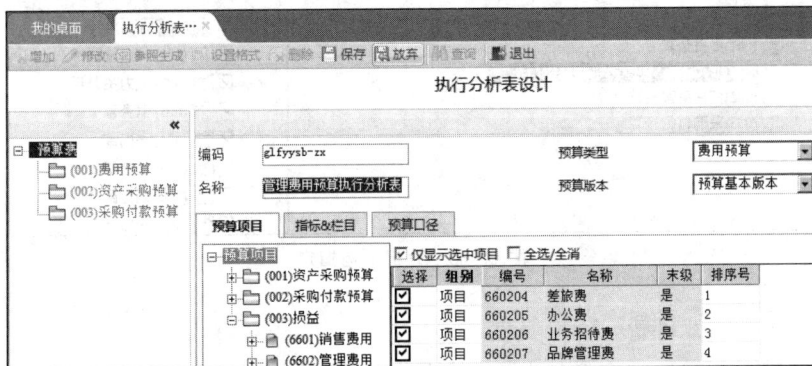

图 6-8　执行分析表设计——"预算项目"选项卡

③ 单击"指标&栏目"选项卡，在"栏目"中勾选"预算数""执行数""实际差异"和"实际差异率"，"期间"选择"1 月"，如图 6-9 所示，单击"保存"按钮，退出当前窗口。

图 6-9　执行分析表设计——"指标&栏目"选项卡

（2）指定分析机构

在企业信息门户，单击"业务导航→管理会计→预算管理"菜单，再单击"分析机构指定"功能，打开"分析机构指定"窗口。单击窗口左侧的"管理费用预算执行分析表"，勾选窗口右侧的"综合管理部""人力资源部""财务部"和"采购部"选项，如图 6-10 所示。单击"保存"按钮，退出"分析机构指定"窗口。

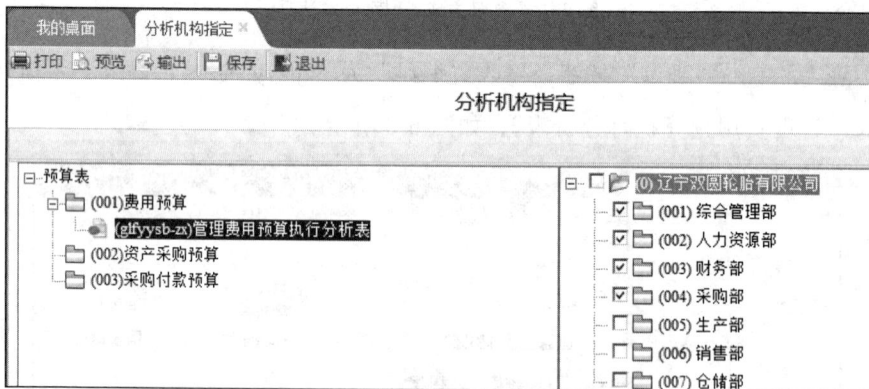

图 6-10　分析机构指定

（3）分析表查询

在企业信息门户，单击"业务导航→管理会计→预算管理"菜单，再单击"分析表查询"功能，打开"分析表查询"窗口。单击"人力资源部→管理费用预算执行分析表→确定"，调出该部门的分析表，如图 6-11 所示。

图 6-11　管理费用预算执行分析表

> **提示**
>
> 实际差异 = 预算数 − 实际执行数
>
> 实际差异率 = 实际差异/预算数

# 6.3　完成情况分析

完成情况分析的基本流程为：完成分析表设计→指定分析机构→分析表查询。

**实验资料**

完成情况分析

参照"销售费用预算表"生成"销售费用预算完成分析表"，编码为"xsfyysb-wc"。其中"栏目"只包括预算数、执行数、预算占用数、可用预算、实际完成率、可用预算完成率和调整后预算数。指定该表的分析机构为销售部，并查询该部门的情况分析表。

**实验过程**

（1）完成分析表设计

① 在企业信息门户，单击"业务导航→管理会计→预算管理"菜单，再单击"完成分析表设计"功能，打开"完成分析表设计"窗口。单击工

具栏的"参照生成"按钮，弹出"参照生成——网页对话框"，选择"销售费用预算表"，如图 6-12 所示。

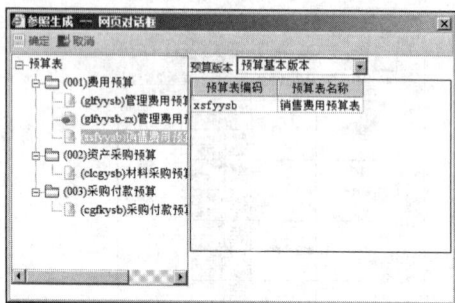

图 6-12　参照生成——网页对话框

② 单击"确定"按钮，修改"编码"为"xsfyysb-wc"，修改"名称"为"销售费用预算完成分析表"，如图 6-13 所示。

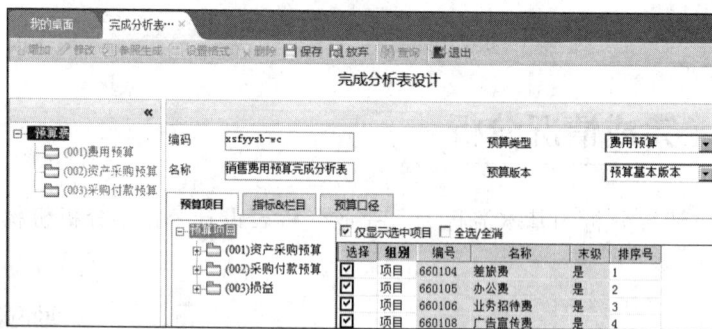

图 6-13　完成分析表设计——"预算项目"选项卡

③ 单击"指标&栏目"选项卡，在"栏目"中勾选"预算数""执行数""预算占用数""可用预算""实际完成率""可用预算完成率"和"调整后预算数"，如图 6-14 所示，单击"保存"按钮，退出当前窗口。

图 6-14　完成分析表设计——"指标&栏目"选项卡

（2）指定分析机构

在企业信息门户，单击"业务导航→管理会计→预算管理"菜单，再单击"分析机构指定"功能，打开"分析机构指定"窗口。单击窗口左侧的"销售费用预算完成分析表"，勾选窗口右侧的"销售部"，如图 6-15 所示。单击"保存"按钮，退出"分析机构指定"窗口。

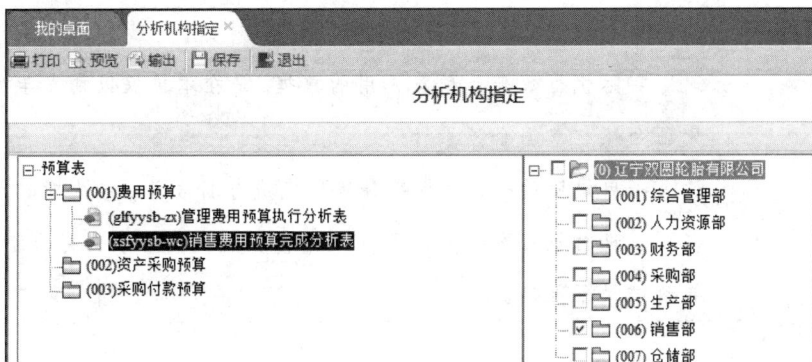

图 6-15　分析机构指定

（3）分析表查询

在企业信息门户，单击"业务导航→管理会计→预算管理"菜单，再单击"分析表查询"，打开"分析表查询"窗口。单击"销售部→销售费用预算完成分析表→确定"，调出该部门的分析表，如图 6-16 所示。

图 6-16　销售预算完成分析表

> **提示**
>
> 实际完成率＝实际执行数/预算数
>
> 可用预算＝预算数－预算占用数－实际执行数
>
> 可用预算完成率＝可用预算/预算数
>
> 预算占用率＝预算占用数/预算数
>
> 预算占用数是预算占用范围的单据，是在本单据以前发生的单据金额累计。
>
> 实际执行数是非预算占用的单据，是在本单据以前发生的凭证金额和单据金额累计。
>
> 需要说明的是，执行销售费用完成分析表前，应先对其预算项目进行执行数抽取，否则本分析表的"执行数"将为空，导致结果不准确。

除了执行情况分析和完成情况分析，我们还可进行差异分析，其基本流程为：差异分析方案→差异分析设置→预算差异分析。差异分析包括单边分析和双边分析。

# 参考文献

[1] 王海林. 管理会计信息化[M]. 北京：高等教育出版社，2018.

[2] 欧阳电平. 管理会计信息化[M]. 北京：清华大学出版社，2019.

[3] 林秀香. 预算管理：从企业战略到规划[M]. 大连：东北财经大学出版社，2016.

[4] 李荣，顾晓良. 现代企业预算管理[M]. 大连：东北财经大学出版社，2019.

[5] 贾卒. 全面预算管理实践[M]. 北京：机械工业出版社，2015.

[6] 中华人民共和国财政部网站. 关于印发《管理会计应用指引第 100 号——战略管理》等 22 项管理会计应用指引的通知（财会〔2017〕24 号）[EB/OL]. [2017-09-29].